POWER
SKILLS

CARO(A) LEITOR(A),
Queremos saber sua
opinião sobre nossos livros.
Após a leitura, curta-nos no
facebook.com/editoragente,
siga-nos no Twitter **@EditoraGente**
e no Instagram **@editoragente**
e visite-nos no site
www.editoragente.com.br.
Cadastre-se e contribua com
sugestões, críticas ou elogios.

DAFNA BLASCHKAUER

POWER SKILLS

As habilidades-chave para destravar seu potencial máximo

Diretora
Rosely Boschini

Gerente Editorial Sênior
Rosângela de Araujo Pinheiro Barbosa

Editora Júnior
Carolina Forin

Assistente Editorial
Bernardo Machado

Produção Gráfica
Fábio Esteves

Preparação
Elisabete Franczak Branco

Capa
Plinio Ricca

Projeto Gráfico e Diagramação
Gisele Baptista de Oliveira

Revisão
Wélida Muniz

Impressão
Santa Marta

Copyright © 2022 by Dafna Blaschkauer
Todos os direitos desta edição
são reservados à Editora Gente.
R. Dep. Lacerda Franco, 300 – Pinheiros
São Paulo, SP – CEP 05418-000
Telefone: (11) 3670-2500
Site: www.editoragente.com.br
E-mail: gente@editoragente.com.br

Dados Internacionais de Catalogação na Publicação (CIP)
Angélica Ilacqua CRB-8/7057

Blaschkauer, Dafna
     Power skills : as habilidades-chave para destravar seu
potencial máximo / Dafna Blaschkauer. - São Paulo : Editora
Gente, 2022.
     208 p.

ISBN 978-65-5544-287-8

1. Desenvolvimento profissional 2. Desenvolvimento pessoal
I. Título

22-5454   CDD 650.14

Índices para catálogo sistemático:
1. Desenvolvimento profissional

Parte dos direitos autorais deste livro será doada para a Associação Endowment
Sempre FEA, associação formada pela comunidade FEAna que busca retribuir
à sociedade, impulsionando as gerações futuras com o investimento de seus
recursos em projetos que incentivam a pesquisa, a diversidade, a inovação e o
empreendedorismo, criando um legado de impacto a partir de um fundo patrimonial
independente e íntegro. Para saber mais, acesse https://semprefea.org.br/.

Nota da publisher

À frente da Editora Gente, estou sempre em contato com profissionais dos mais variados setores, e há algo, no contato e nas conversas com eles, que sempre me chama atenção: quem mais se destaca não são necessariamente aqueles que estudaram nas melhores universidades e têm um currículo invejável, mas aqueles que, justamente, unem os seus conhecimentos a aptidões comportamentais, que são capazes de transformar habilidades inerentes a eles em excelentes ferramentas para o sucesso.

Segundo Dafna Blaschkauer, executiva renomada do mercado corporativo internacional, são essas habilidades, as chamadas Power Skills, que as empresas buscam em seus funcionários. No entanto, isso não nos é ensinado na escola, nas universidades ou mesmo nas empresas, quando entramos no mercado de trabalho. Então, como saber o que são as Power Skills, quais são as habilidades-chave de um profissional de sucesso e como podemos aprendê-las e conquistar a carreira dos sonhos?

Com uma trajetória brilhante no esporte e nas empresas pelas quais passou, Dafna apresenta os caminhos para a dominação das habilidades poderosas que existem dentro de nós e para o despertar do nosso potencial máximo. Por meio da própria experiência, que conta com campeonatos de tênis e passagens por empresas como Apple, Microsoft e Nike, nesta obra, a autora conta como desenvolveu suas Power Skills e ensina as melhores estratégias para potencializar a sua vida pessoal e profissional.

Vamos juntos?

Boa leitura!

ROSELY BOSCHINI
CEO e Publisher da Editora Gente

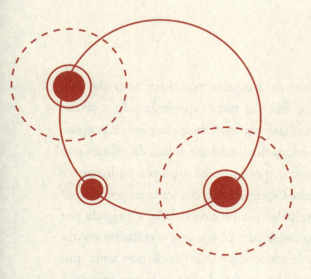

À minha mãe, Etla.
Todo o meu amor e gratidão.
Minha referência, exemplo e
inspiração de potência máxima.

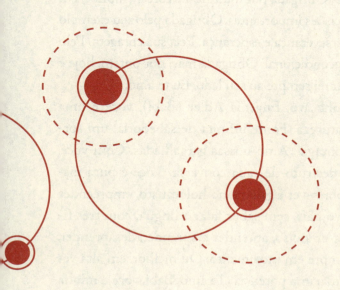

Agradecimentos

Agradeço inicialmente à minha mãe, Etla; sem ela, este livro não existiria. Eu não teria experimentado e vivenciado todas as minhas paixões. Obrigada por me proporcionar a melhor educação, uma base sólida de valores não negociáveis e por me apresentar os esportes, os livros e a música desde cedo. Obrigada por me levar para andar de bike, patins, skate pelos parques da cidade. Obrigada por me apresentar os museus, bibliotecas e o trabalho voluntário. Obrigada por me acompanhar (de corpo e alma) nos torneios e campeonatos, passando frio (e muito nervoso). Obrigada por preparar com tanto amor e sabor as minhas marmitas. Obrigada por me ensinar o valor da comida de verdade, a fazer feira, piquenique, a cozinhar. Como você diz, a sua maior e melhor herança (nunca vou depender de delivery!) ☺. Obrigada por me apoiar e torcer (muito!) em todas as decisões importantes. Obrigada pelo seu exemplo de garra, perseverança e esperança. Pela sua coragem. Pelo seu amor incondicional. Obrigada mãe, por ontem, hoje e sempre. Estarei sempre ao seu lado. Eu te amo.

À minha avó, Eugenia Adler (Babi), você é uma força da natureza. Fonte infinita de sabedoria, um sorriso que contagia. Amo nossas gargalhadas. Com você, aprendo e desfruto de cada conversa. Você é pura inspiração. Sobreviver à guerra, ao holocausto, empreender em um novo país, sem saber falar a língua, com três filhas e nada no bolso, aprender a aprender, desaprender, estando sempre em movimento. Ou melhor, em alta velocidade e máxima potência. Te amo, Babi, você é minha referência de resiliência.

AGRADECIMENTOS • **9**

Aos meus irmãos e *partners in crime*, Yoram (Oky) e Dani (Dangas), obrigada pelas brincadeiras, de jogos de tabuleiro a brigas (quem nunca?), competitividade e rivalidade nas quadras (de tênis, judô, natação, futebol, tênis de mesa...), que me estimularam a buscar a minha melhor versão. Vocês são parte da minha história e melhores memórias. Amo vocês, nas nossas semelhanças e diferenças.

Ao meu amor, Anita Fisher, a minha parceira e melhor amiga nesta aventura de escrever o livro em um curto espaço de tempo (três meses). Obrigada por estar presente do início ao fim. Da revisão do contrato a cada novo capítulo. Pela leitura com a sua voz suave e deliciosa, deixando o livro mais doce. Pela sua paciência nas horas em que estive ausente e, principalmente, pela sua torcida infinita. Com você, desenvolvi uma habilidade imprescindível: a comunicação das emoções. Com naturalidade, coragem e vulnerabilidade. Te amo.

Ao querido amigo sensei, Edison Minakawa, reconhecido melhor árbitro internacional de judô, obrigada por me ensinar os fundamentos do esporte nos tatames ainda na minha infância. Sua humildade e disciplina me inspiram e emocionam. Você lidera por exemplo no melhor sentido da palavra.

Ao Clube Hebraica, nas figuras do ex-diretor de esportes, Chaim Bulka, e ex-diretor de judô, Jacques Perlow (in memoriam), obrigada pela ajuda no momento em que eu, minha mãe e irmãos mais precisamos. Vocês fizeram e fazem a diferença pelo apoio e incentivo ao esporte.

Ao meu super coach e amigo Marcos Paulo Reis, técnico da Seleção Brasileira de Triatlon nos Jogos de 2000 e 2004, obrigada por me preparar, e mais do que isso, por acreditar e estar ao meu lado para realizar e atingir os meus sonhos e máxima potência. Da 1ª corrida da São Silvestre (2003) à missão quase impossível, não para você e para meu personal, amigo e confidente Murilo Alves, na preparação em conjunto (em apenas 4 meses) para correr a Maratona de Chicago, no dia do meu aniversário. Um dia que nunca esquecerei. Completar 42 km ao comemorar meus 42 anos. Obrigada por cuidarem do meu bem mais precioso: a minha saúde física e mental.

Ao meu grande amigo Carlitos (Carlos Arantes), obrigada pelas trocas e, principalmente, por estar presente em fases importantes da minha vida (profissional e pessoal) há mais de vinte anos. A sua inteligência e rapidez de raciocínio é algo que me fascina.

Ao meu amigo e mentor, Claudio Nezlinger, obrigada por seu olhar especial no processo de seleção de estágio da Microsoft (1999), uma escola de mentes brilhantes e amigos que fiz para a vida. Nunca esquecerei seus preciosos conselhos em momentos críticos da minha carreira.

Ao meu amigo e ex-chefe, Rodney Carnielli, por acreditar no meu potencial desde o dia 1 de abril de 2014. Para a minha felicidade e sorte, a contratação para ser diretora de vendas de sportswear da Nike no Brasil não foi uma "pegadinha" do Dia da Mentira. ☺

Ao meu querido amigo, ex-chefe e coach, Cristian Corsi, pela oportunidade de liderar a Nike Women no Brasil na preparação para as Olimpíadas de 2016. Foi mais do que um sonho, como executiva, consumidora e mulher. Obrigada por estar ao meu lado (literalmente) nos últimos oito anos com os mais valiosos conselhos. Com você, aprimorei algumas das habilidades essenciais de liderança que estão presentes neste livro, como a escuta ativa e o pensamento crítico. Você foi um grande presente, serei eternamente grata pela sua generosidade e disponibilidade infinita.

À minha querida amiga, ex-chefe e coach, Jinky Panganiban, obrigada por me abrir literalmente as portas para realizar o sonho de trabalhar nos Estados Unidos, e as da sua casa, com o seu acolhimento em um jantar especial de boas-vindas. Obrigada pelos feedbacks ricos e estruturados, que me ajudaram a identificar e aprimorar meus pontos fortes, fracos e *blind spots* (pontos cegos), me tornando uma profissional melhor.

Aos meus queridos amigos Dgio (Dgiovani Massarotti) e Lena (Lena Braun), obrigada por fazerem parte da minha rede de apoio quando morei nos Estados Unidos. Vocês me ajudaram em momentos difíceis e, principalmente, a desenvolver uma habilidade-chave em nossa vida, e também uma das minhas grandes dificuldades e fragilidades, a de saber pedir ajuda. De me mostrar vulnerável. Que sorte a minha ter vocês por perto com toda a sua generosidade no momento que mais precisei.

À Sempre FEA, obrigada a Andrea Andrezo e Eduardo Vassimon pelo convite para atuar como conselheira em um projeto e sonho compartilhado de retribuir para a sociedade, fomentando a cultura de *endowment* em nosso país. À minha universidade do coração, FEA-USP, que me formou e ensinou diversidade, pluralidade e inclusão. Que me proporcionou grandes e memoráveis conquistas com a Atlética. Que reforçou minha paixão por escrever no Programa Especial de Treinamento (PET), com artigos acadêmicos sobre administração, tendo o auxilio da Bolsa Capes. Que me abriu as portas para a carreira profissional, me dando a oportunidade de atuar como Diretora da FEA Junior, passando pelo estágio na FIPE, até chegar à consultoria na FIA-USP.

Aos meus queridos amigos e parceiros do SuperJump, obrigada pela paixão e propósito em comum de multiplicação de conhecimento e transformação através da educação, me desafiando a cada dia para trazer o melhor conteúdo neste ecossistema e comunidade de aprendizado contínuo. Seguimos juntos aprendendo!

Ao meu querido amigo, parceiro de conselho e responsável pelo prefácio deste livro, Gustavo Caetano. Obrigada por enxergar e vislumbrar o livro antes mesmo que eu pudesse imaginá-lo. Você é referência de simplicidade e conectividade. Aprendi com você que o simples conecta, e sigo aprendendo.

A Rosely, Carolina Forin e toda equipe da Editora Gente que acreditaram na minha capacidade de escrever este livro na íntegra, sem ajuda de um redator, e me acompanharam em cada fase dando o melhor direcionamento e suporte em uma jornada deliciosa de imersão, transformando meu sonho em realidade.

E, por fim, agradeço a você, querido leitor, por ter dedicado o seu tempo e a sua atenção, a moeda mais preciosa que temos, à leitura deste livro. Se, de alguma forma, ele contribuir para algumas reflexões, insights e transformação na sua vida, por favor, passe esses aprendizados adiante. Presenteie ou o empreste para quem possa precisar (apesar do risco de não ter de volta) ☺. Esse gesto simples pode despertar e transformar a vida de alguém para atingir sua máxima potência.

E se você chegou até aqui, retribuo o meu agradecimento com um conteúdo exclusivo, contando um pouco dos bastidores que não foram revelados no livro. Aponte a câmera do celular para o QR Code a seguir para ter acesso!

https://www.instagram.com/super.jumpers

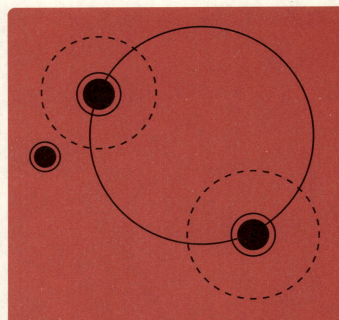

Sumário

Prefácio **16**

Glossário **22**

Introdução **26**

1 ENTENDA
1. O fundamento das habilidades **36**

2 DESENVOLVA
2. Disciplina, a mãe de todas as skills **48**

3. Foco: menos é mais **62**

4. Comunicação, a habilidade imprescindível **86**

5. Colaboração, o segredo da multiplicação **102**

3 DOMINE
6. Garra: o poder da paixão, da perseverança e da esperança **116**

7. Mentalidade de crescimento: a mentalidade dos campeões **132**

4 LIDERE
8. Pensamento crítico, saindo do piloto automático **148**

9. Empatia: a habilidade da liderança humana **162**

5 EXECUTE
10. Atingindo a sua máxima potência **180**

Notas **196**

PREFÁCIO
por GUSTAVO CAETANO

Há alguns anos, fui convidado para dar uma palestra sobre a história da Sambatech, empresa que fundei, para alunos do MIT e de Harvard, em Cambridge, Massachussets. Terminada a apresentação, um professor me perguntou quais as habilidades eu havia desenvolvido como empreendedor que me ajudaram a ter relativo sucesso na carreira profissional. Eu nunca havia pensado naquilo, e pedi um tempo para refletir sobre o tema antes de poder responder.

Infelizmente, naquele momento, este livro não havia sido escrito e, por isso, demorei a constuir minha linha de raciocínio sobre quais habilidades eu tinha que me diferenciava, de alguma maneira, da maioria dos profissionais.

Olhando para trás, eu refleti que, na minha história, eu havia desenvolvido um conjunto de hard skills advindos de cursos que fiz no MIT, Stanford, Universidade da Disney, INSEAD, Singularity University e até mesmo na minha graduação em marketing na ESPM, que me trouxeram conhecimentos diversos, mas complementares, sobre a área de Inovação e Empreendedorismo. Eu também havia adquirido, desde muito novo, o hábito da leitura, o que me permitiu mergulhar na mente dos maiores autores de livros de negócios do planeta.

Mas, mesmo com um vasto conhecimento acadêmico sobre inovação e empreendedorismo, entendi também que só isso não teria sido o bastante para criar uma empresa que hoje tem 18 anos de vida, além de ter fundado diversos outros empreendimentos, inclusive um vendido por centenas de milhares de dólares com mais de 1500 funcionários.

Eu entendi que algumas soft skills como boa oratória, ousadia, criatividade, também haviam me ajudado muito nessa jornada, mas três habilidades (*soft*) se sobressaíam em relação às demais: 1) Comunicação, que me permitia vender a minha ideia com facilidade para clientes e investidores; 2) Foco, que me colocava na direção correta do meu propósito e objetivo maior sempre que eu era tentado a mudar de direção; 3) Simplicidade, pois entendi que tudo que é simples conecta, engaja e gera empatia.

Porém, há alguns anos, quando conheci e comecei a aprender com a Dafna, percebi que havia algo a mais. Havia também as minhas Power Skills, que me deram garra, vontade e resiliência para superar todos os desafios que tive como empreendedor até hoje.

Apesar de atualmente conseguir reconhecer alguns traços da minha personalidade que me ajudaram a chegar até aqui, acredito que após a leitura deste livro incrível você vai entender que não existe uma fórmula mágica e que cada indivíduo tem o seu próprio conjunto de skills para aprender, desenvolver e torná-lo único.

Fui um grande incentivador para que Dafna escrevesse este livro, pois conheci pouquíssimas pessoas com tanta vontade e capacidade de realizar sonhos como ela. Queria que outros pudessem, assim como eu, se inspirar nessa história de vida repleta de desafios, aprendizados e conquistas.

Por isso, minha dica para você, leitor, é: aprenda o máximo que puder com este livro, mas se esforce ainda mais para tirar o conhecimento da sua cabeça e colocá-lo em prática, pois, no final, é isso que faz a diferença.

GUSTAVO CAETANO
CEO e fundador da Sambatech
Autor dos best-sellers
Pense simples e *Faça simples*

The one thing away from you is And it is worth the

A única coisa que as pessoas não podem tirar de

people can't take your education. investment. ""

voçê é seu conhecimento. E isso vale o investimento.

MICHELLE OBAMA[1]

GLOSSÁRIO

Bem-vindo à Jornada de aprendizado das ~~Soft~~ Power Skills! Antes de iniciar a nossa "viagem", apresento o Glossário, que contém as palavras-chave do livro, conhecidas como *buzzwords*, os termos que estão em evidência e na moda. Essas definições vêm logo no início da leitura para que você tenha uma melhor compreensão do conteúdo e o máximo aproveitamento, além de já se apropriar dos termos.

Gostaria de ter aprendido o significado e a importância dessas palavras no início da minha jornada, pois entendi que, ao colocá-las em prática, os resultados são transformadores. A boa notícia é que nunca é tarde para começar!

Vamos juntos?

ALTA PERFORMANCE

1. Conceito ligado ao comportamento e à atitude do profissional.
2. São pessoas com atitudes que buscam sempre superar os resultados e expectativas.
3. São profissionais com habilidades essenciais e que fazem a diferença no local onde trabalham.

- -

AUTOCONHECIMENTO

1. É o conhecimento que uma pessoa tem sobre si mesma. É o ato de olhar para si mesmo.
2. É conhecer seus pontos fortes, suas limitações e os desejos que podem ajudar a controlar suas emoções, definir objetivos e trilhar uma jornada de autorrealização.

- -

GROWTH MINDSET

1. Termo em inglês cuja tradução é "mentalidade de crescimento".
2. Pessoas que entendem o esforço como o principal caminho para a excelência.
3. Pessoas que veem o desafio e o feedback como ferramentas valiosas de crescimento e desenvolvimento.

LIFELONG LEARNING

1. Termo em inglês cuja tradução é "aprendizado ao longo da vida" ou "aprendizado contínuo".
2. Trata-se de um conceito que preconiza a educação contínua. Ou seja, sustenta a ideia de que os estudos devem ser permanentes, e não apenas durante um curto período da vida.
3. Se você tem aprendizado ao longo da vida, você é um eterno aprendiz.

SUCESSO

1. Ter êxito em alguma coisa. Ter um resultado feliz em algo.
2. Conseguir alcançar uma meta e um objetivo.

Sucesso é trabalhar em algo pelo qual você esteja apaixonado. É ter liberdade de escolha. É estar feliz em um processo de desenvolvimento e aprendizado contínuos. É sentir-se desafiado. É impactar pessoas e negócios.

Sei que sucesso é relativo, varia para cada um e pode mudar em cada fase da vida. É importante desmistificar a palavra sucesso e evitar comparações entre indivíduos com realidades e origens distintas. Se não agirmos assim, em vez de gerar inspiração, acabaremos causando frustrações.

O passo inicial na busca do sucesso é ter clareza do que ele significa para você, sem se preocupar em atender às expectativas da família, dos amigos e da sociedade.

Este livro é um convite ao autoconhecimento e desenvolvimento das habilidades-chave para o sucesso na sua vida.

Boa leitura!

INTRODUÇÃO

Gosto de fazer uma analogia entre a vida e um livro, pois, a cada dia, temos a oportunidade de escrever uma nova página, desenvolvendo e aprimorando as habilidades em busca dos nossos sonhos, em uma jornada de aprendizado contínuo.

Ao longo de vinte e cinco anos atuando em posições de liderança, como executiva, mentora, empreendedora e conselheira, passando por empresas como Nike, Apple e Microsoft, incluindo experiência internacional, em cargos como *general manager* e diretora de vendas, observei entre os profissionais uma insatisfação generalizada quando o assunto é realização, desenvolvimento e crescimento profissional. São muitos questionamentos e poucas respostas, frustrações por não atingir o resultado ou a promoção esperada, falta de clareza de como chegar lá apesar do investimento de tempo e dinheiro. Frequentemente nos perguntamos se estamos fazendo o certo rumo à melhor posição que podemos ocupar.

Eu já estive nesse lugar. Frustrada por não ter clareza ou perspectiva de crescimento. Exausta por trabalhar muito e não ser reconhecida. Perdida, sem saber o melhor caminho a seguir para ser promovida e atingir a posição desejada. Confusa por ter muitos objetivos e não saber como priorizá-los. Sozinha, sem saber como pedir ajuda nem a quem recorrer. Tenho certeza de que você vai se identificar com alguns desses sentimentos, pois vejo isso se repetir com inúmeros colegas, mentores, mentorados, em todo tipo de empresa, independentemente da área de atuação.

Nos momentos em que me deparava com esses questionamentos e quanto mais me aprofundava nas causas dessa insatisfação profissional, mais entendia que o *gap* estava na falta de conhecimento e domínio das Power Skills, habilidades que não são ensinadas na faculdade, tampouco no trabalho. As empresas esperam encontrar funcionários com essas Skills já desenvolvidas, e os funcionários esperam aprendê-las nas empresas, o que de fato pode acontecer. No entanto, via de regra, são treinamentos exclusivos ao time de liderança e a *high potentials*, sem continuidade nem acompanhamento.

O fato é que aprendemos que as Hard Skills são determinantes para entrar na empresa dos nossos sonhos e damos pouco valor às Power Skills. No entanto, a realidade é que 90% das promoções e demissões nas empresas acontecem por razões comportamentais,[1] e 85% do sucesso pessoal e de negócios resulta de Power Skills.[2]

Assim, este livro tem o propósito de ser um guia estruturado para o entendimento e desenvolvimento dessas habilidades-chave, trazendo um passo a passo que vai impulsionar a sua vida e levar você à sua potência máxima.

COMO APRENDI SOBRE AS SKILLS?

As Soft Skills entraram na minha vida muito cedo, antes mesmo de eu saber o que eram e por que são determinantes na carreira e vida pessoal. E isso aconteceu por meio do esporte, que foi a minha fundação, a minha base, a minha melhor escola para a vida. Vale conferir a matéria que a revista *Exame*[3] fez sobre mim; vai funcionar como um breve spoiler do livro.

Com a natação, aos 4 anos, aprendi literalmente a cair na água, a me ADAPTAR, a treinar no calor e no frio, a encarar meus medos, a sentir o frio na barriga das competições. Já no judô, aos 8 anos, aprendi a ter DISCIPLINA e HUMILDADE, a chegar aos treinos no horário e com o quimono devidamente arrumado, a respeitar o próximo, independentemente da diferença de idade, gênero, faixa ou raça. Afinal, não é só no tatame que somos todos iguais. Hoje, quando olho para trás, entendo que tudo isso tinha a ver com habilidades-chave que têm a capacidade de mudar a vida de qualquer um.

Já no tênis, aprendi a importância de seguir a minha PAIXÃO, em vez de atender às expectativas da sociedade. Aprendi a ir atrás daquilo que faz o meu coração pulsar, a traçar metas ousadas, a SONHAR e ACREDITAR, apesar das dificuldades e dos desafios no caminho, aprendi a treinar arduamente e a lidar com as frustrações da derrota (e foram muitas até me tornar campeã paulista e brasileira). Aprendi também a curtir a jornada árdua e longa de treinos e campeonatos, a jogar e ter bons resultados em situações adversas, a celebrar as pequenas conquistas, a entrar na quadra com as pernas trêmulas (e a resistir para não desistir), a focar as poucas coisas essenciais e eliminar as muitas triviais.

E, por fim, na minha jornada como executiva, entendi que o espectro de Soft Skills era muito mais amplo, complexo e determinante não apenas para a carreira, mas para a vida. Aprendi na dor, ou melhor, em duros (e nem sempre tão bem dados) feedbacks sobre a necessidade de desenvolver outras habilidades, como a colaboração e a comunicação, para atingir meus objetivos. E que não era algo tão simples nem óbvio, pois primeiramente precisava identificar quais habilidades deveria aprimorar e, depois, como fazer isso.

E este livro foi escrito para isto: ajudar você, querido leitor, nesse processo e jornada de autoconhecimento e desenvolvimento das habilidades-chave para atingir sua máxima potência.

POR QUE ESCREVI ESTE LIVRO?

Em minha busca por aprimorar e desenvolver essas habilidades, tive muita dificuldade para encontrar um guia com uma metodologia prática, clara e didática para aprender sobre as habilidades, a mentalidade e os comportamentos determinantes para atingir a minha máxima potência. Tampouco alguém que tivesse vivenciado isso na pele e que soubesse transmitir com clareza com base nas próprias experiências.

Ao mesmo tempo, notava uma dor cada vez maior tanto dos profissionais quanto das empresas por causa do gap dessas habilidades e do impacto que tinham nas relações de trabalho, com frustrações em ambos os lados. De acordo com o relatório *The Future of Work 2021: Global Hiring Outlook* [O futuro do trabalho em 2021,[4] em tradução livre], as Soft Skills são habilidades cada vez mais valorizadas e difíceis de serem encontradas nos profissionais.

Aprendi a ir atrás daquilo que faz o meu coração pulsar, a traçar metas ousadas, a SONHAR e ACREDITAR apesar das dificuldades e dos desafios no caminho.

@DAFSPACE

Em 2020, no início da pandemia de covid-19, ainda morando nos Estados Unidos, comecei a publicar, no LinkedIn, artigos sobre liderança, Soft Skills e diversidade, e passei a ser convidada por faculdades e empresas para participar de podcasts, webinars e *lives*, além de dar entrevistas para revistas e jornais do Brasil.

Quanto mais compartilhava, mais aprendia e mais tinha vontade de multiplicar o conhecimento sobre um tema muitas vezes banalizado e desvalorizado. Com o know-how adquirido no esporte e a bagagem ímpar atuando em posições de liderança em grandes empresas no Brasil e fora dele, comecei a sentir um desejo enorme de "give back", ou seja, de retribuir, ajudando um número maior de pessoas que, assim como eu no início da carreira, não tinham ideia de como e por onde começar, tampouco referências de bibliografia nessa área.

E foi o momento que recebi o convite da Editora Gente para escrever este livro. Era a oportunidade de passar adiante os aprendizados que me ajudaram a lidar com os desafios e alcançar os meus sonhos! Assim, decidi unir meu amor pelos livros à minha grande paixão por propagar conhecimento e impactar mais pessoas. Chegou a hora de passar adiante os aprendizados que me ajudaram a lidar com os desafios para alcançar os meus sonhos!

O QUE VOCÊ VAI ENCONTRAR NESTE LIVRO?

Em seu livro *Hábitos atômicos*,[5] James Clear cita a seguinte frase de autoria do empresário e investidor Naval Ravikant: "Para escrever um grande livro, você deve primeiro se tornar o livro". O conhecimento das ideias e da metodologia compartilhadas aqui nasceu da minha necessidade de melhor compreendê-las e aperfeiçoá-las para atingir a máxima potência ao longo da minha carreira como atleta, executiva, empreendedora, mentora e conselheira.

Este livro funciona como um passeio guiado e estruturado pelos meus aprendizados. Além de compartilhar as experiências fascinantes que vivenciei, quero mostrar como colocar esses conhecimentos em prática de maneira que você atinja seus objetivos e lidere sua vida na máxima potência.

Neste livro, você vai aprender sobre as Power Skills, as habilidades essenciais e críticas para ter o domínio da sua carreira e da sua vida. Apresentarei uma metodologia testada e comprovada na prática com as técnicas desenvolvidas ao longo da minha carreira em diferentes empresas e posições, além de muita pesquisa e estudo em treinamentos de liderança realizados no Brasil e nos Estados Unidos. Em cada capítulo, você encontrará reflexões e ferramentas para desenvolver e aprimorar uma determinada habilidade.

O conteúdo foi organizado em cinco partes, cada uma abordando um estágio e aspecto particular da vida, indicando as habilidades necessárias a serem desenvolvidas em cada fase. Na Parte 1, você vai ENTENDER os fundamentos das habilidades. Vou explicar o que são Skills, Hard Skills e Soft Skills, além de introduzir o conceito das Power Skills e por que elas são determinantes em sua carreira. Na Parte 2, você vai DESENVOLVER as habilidades essenciais para a sua vida, iniciando a jornada com disciplina, foco, comunicação e colaboração. Na Parte 3, você vai DOMINAR as habilidades de alta performance com garra e mentalidade de crescimento. Na Parte 4, você terá atingido outro nível, e estará pronto para desenvolver a habilidade de LIDERAR, com coragem e vulnerabilidade, desenvolvendo o pensamento crítico e a empatia. Por fim, na Parte 5, você estará preparado para o tão esperado momento de EXECUTAR o plano de ação e atingir a sua máxima potência, com ferramentas de autoconhecimento, em uma jornada deliciosa de aprendizado contínuo.

Sem dúvida, o tema de habilidades é extremamente rico, vasto e amplo, e meu objetivo é trazer um olhar seletivo com as habilidades que considero atemporais e fundamentais para transformar a sua vida e ajudá-lo a atingir sua máxima potência.

COMO ESTE LIVRO PODE AJUDAR VOCÊ?

Quer você queira, quer não, as Power Skills são habilidades cruciais para sua carreira e sua vida. Você precisa de DISCIPLINA para atingir qualquer objetivo ou meta que tenha na vida pessoal e profissional. Precisa saber se COMUNICAR para passar em um processo seletivo, para pedir um aumento de salário ou uma promoção, para vender um produto ou uma ideia. Precisa desenvolver a ESCUTA ATIVA para se conectar com o outro, para entender e resolver um problema do cliente. Precisa ter GARRA e MENTALIDADE DE CRESCIMENTO para saber lidar com situações adversas e de alta pressão. Precisa saber COLABORAR em um mundo cada vez mais globalizado, interdependente e diverso, e precisa ter EMPATIA para se relacionar e criar conexões verdadeiras, duradouras e de impacto.

O fato é que todos nós usamos as Power Skills em nosso dia a dia, mesmo quando não pensamos que estejamos fazendo isso. São habilidades cruciais para se relacionar com as outras pessoas. No entanto, elas não nos são ensinadas de maneira didática e prática. Além disso, as habilidades mudam conforme o momento, os desafios que estamos enfrentando ou as posições e os objetivos que desejamos alcançar.

Com o desenvolvimento das Skills apresentadas neste livro, você terá o controle da sua carreira (e da sua vida!) e o sentimento desejado de realização pessoal e profissional. Você não estará mais no piloto automático, insatisfeito nem frustrado, sem entender por que não alcança o resultado esperado nem a promoção tão desejada. Ao identificar as habilidades necessárias para aprimorar e conquistar o trabalho dos seus sonhos, você estará pronto para atingir sua máxima potência e transformar as suas oportunidades!

Vamos aprender a aprender, a desaprender, a reaprender. Sem esforço. E com os 4Ds (desejo, determinação, dedicação e disciplina) em ação para fazer acontecer aquilo que realmente importa: atingir os seus objetivos e sonhos, a sua melhor versão, a sua máxima potência.

Venha comigo nessa jornada deliciosa de aprendizado contínuo!

parte um

ENTE

NDA

01
O FUNDAMENTO DAS HABILIDADES

> "The only skill that will be important in the 21st century is the skill of learning new skills. Everything else will become obsolete over time."
>
> A única habilidade que será importante no século XXI é a habilidade de aprender novas habilidades. Todo o restante se tornará obsoleto com o tempo.
>
> **PETER DRUCKER**[1]

O GAP DAS SOFT SKILLS

Os desafios que encontrei liderando times em diferentes empresas, culturas, segmentos, além da experiência adquirida em mentoria com times multiculturais, me permitiram me aprofundar nas dores comuns que enfrentamos em diferentes estágios da carreira. Ao longo da minha trajetória, entendi que as Soft Skills são chaves para o sucesso profissional e pessoal, e você já vai descobrir a razão.

O fato é que, por muito tempo, as Soft Skills não eram consideradas relevantes, muito menos uma prioridade. Em um mundo analógico, pré-digital, a especialização, a educação formal e a medição de QI como indicador de inteligência dominavam os ambientes de trabalho, e essa é a herança que carregamos conosco. Soma-se a isso o fato de as habilidades sociocomportamentais serem difíceis de mensurar.

Dos profissionais de RH entrevistados pelo LinkedIn,[2] apenas 41% afirmaram que sua empresa tem um processo formal de avaliação de Soft Skills; 57% dos entrevistados disseram que lutam para avaliar com precisão as habilidades pessoais e 68% pontuaram que os indicadores sociais no processo de entrevista são o principal método de avaliação.

Deixo aqui algumas reflexões e insights importantes que podem ajudá-lo neste capítulo inicial da sua jornada de desenvolvimento de habilidades para atingir a sua máxima potência:

> Talvez você sinta que está sobrecarregado de tarefas e reuniões, sem conseguir ter um bom resultado porque não sabe como ter foco e priorizá-las.
> Talvez, por não saber como lidar com as adversidades do dia a dia, você tenha perdido o interesse ou o entusiasmo.

> Talvez você esteja com dificuldades de trabalhar com seu chefe e/ou em equipe, com alguém de que não gosta, sem saber como colaborar para ter um melhor desempenho e mais visibilidade dentro da organização.

> Talvez você esteja perdido após ter recebido um feedback de que precisa melhorar as suas Soft Skills, mas não sabe quais, tampouco por onde começar e como será mensurado.

> Talvez você esteja desmotivado por não ser reconhecido no trabalho e não saber como conseguir isso.

> Talvez você sinta que não está atingindo seu potencial por não saber quais habilidades desenvolver ou aprimorar.

Querido leitor, caso você tenha se identificado com algumas dessas situações, saiba que está tudo bem. Ninguém está completamente feliz ou satisfeito todos os dias. Existe um sentimento de frustração generalizado quando o assunto é realização, desenvolvimento e crescimento profissional.[3]

O problema, na realidade, é quando esse sentimento se torna parte da rotina. O estresse no trabalho pode desencadear outros problemas, como a síndrome de burnout, por exemplo, que, em 2022, foi classificada pela Organização Mundial de Saúde (OMS) como uma doença ocupacional.[4]

De acordo com um estudo realizado pela International Stress Management Association,[5] o desequilíbrio entre esforço e recompensa é um dos principais fatores que contribuem para esse cenário. De acordo com o levantamento, 89% dos profissionais sofrem de estresse por não serem reconhecidos. Esses dados levam à crescente necessidade de as empresas e os profissionais se preocuparem, traçando medidas preventivas.

Mas, afinal, como podemos ser reconhecidos e valorizados no trabalho? Qual é o segredo para conquistar aquela tão almejada promoção ou uma posição na empresa dos sonhos? Como lidar com a pressão do dia a dia e prazos de entrega ao mesmo tempo em que resguardamos a nossa saúde mental e física? Como ter mais foco e vencer a procrastinação? Como colaborar no time com alguém de que você não gosta? Por que alguns colegas de trabalho conseguem se destacar, e outros nem tanto, embora tenham a mesma formação e experiências profissionais semelhantes?

As Skills, em especial as Power Skills, nas quais me aprofundarei logo mais, são a resposta a essas perguntas. É preciso saber se comunicar (e muito bem) para passar em um processo seletivo, para trabalhar em equipe, liderar um time, apresentar os resultados de um projeto ou até mesmo vender um produto. A dura verdade é que essas habilidades são esperadas pelas empresas na contratação de um funcionário, mas não nos são ensinadas na faculdade, havendo assim uma enorme dissonância entre expectativa e realidade.

Soma-se a isso o fato de que a maioria dos profissionais não tem conhecimento de seus pontos fortes nem de como pode obter o máximo proveito e impacto por meio deles, nem visibilidade das habilidades a serem desenvolvidas para alcançar melhores resultados, com menos estresse no dia a dia, e, consequentemente, a tão almejada promoção ou a contratação na empresa dos seus sonhos.

SKILLS, HARD SKILLS E SOFT SKILLS

Todo mundo já ouviu ao menos uma vez os termos Skills, Hard Skills e Soft Skills, pois são comuns quando o assunto é currículo, perfil e entrevista para o mercado de trabalho. Mas você sabe realmente o que significam? Quais as diferenças entre eles, a importância de cada um, como desenvolvê-los e quais habilidades podem ajudar a acelerar sua carreira na direção dos seus sonhos?

Segundo o livro *Fundamentals of Human Resources Management*,[6] as Skills se referem à capacidade de realizar bem um trabalho, adicionando valor, o qual pode ser dividido em habilidades técnicas e habilidades comportamentais.

O termo Hard Skills,[7] conhecido como habilidades técnicas, refere-se ao conhecimento que foi aprendido e pode ser comprovado. Essas habilidades podem ser avaliadas por meio de uma prova ou um teste e estão geralmente ligadas a uma certificação ou diploma, sendo decisivas em algumas profissões. Em determinados setores, os profissionais somente podem exercer suas atividades se forem certificados, como, por exemplo, os engenheiros, que precisam ter registro no CREA; os médicos, no CRM; e os advogados; que necessitam de certificação da OAB.

Vale reforçar que o termo "Hard", que significa "difícil" em português, pode causar confusão, pois não tem nada a ver com a dificuldade em si. O nome é relacionado ao fato de as Hard Skills serem conhecimentos sólidos e fundamentados. Isso se aplica tanto para cursos profissionalizantes e técnicos quanto para graduações, mestrados e doutorados.

Agora pense em você. Qual é a sua área de atuação e formação? Em que idioma você é fluente além do português? Todo profissional tem Hard Skills, e essas são as suas. Essas habilidades normalmente são os pré-requisitos de um processo seletivo. Para facilitar o entendimento, alguns exemplos comuns de *habilidades técnicas*:

> Cursos técnicos, especializações, graduação, mestrados e doutorados;
> Fluência em um ou mais idiomas estrangeiros;
> Habilidade de programação e desenvolvimento de software;
> Edição de imagens e vídeos;
> Técnicas de costura.

Já as Soft Skills,[8] também conhecidas como People Skills (habilidades com pessoas) ou Human Skills (habilidades humanas), são as habilidades sociocomportamentais, um conjunto de competências interpessoais relacionadas à sua maneira de interagir com pessoas. Por serem subjetivas, sendo aplicáveis a qualquer situação de negócios (e de vida!), é difícil avaliar as Soft Skills de uma pessoa sem conhecê-la bem. Essas habilidades, diferentemente das Hard Skills, não podem ser comprovadas por certificados e diplomas, são aptidões não tangíveis. Isso significa que podem mudar com o tempo e variar de uma pessoa para outra.

Outro ponto que vale mencionar é o fato de que as Soft Skills não são aprendidas de uma maneira formal e única, por meio de um curso de certificação, são desenvolvidas e aprimoradas ao longo da vida, mediante os desafios, em um processo de desenvolvimento contínuo. Assim, fica claro compreender que o termo "Soft" não tem nada de soft (ou "suave", em português), além de causar confusão no entendimento, ao sugerir que são habilidades leves e fáceis. É por isso que, a partir de agora, para me referir a essas habilidades, vou usar uma nomenclatura que melhor condiz com o seu significado e relevância.

Apresento-lhes, a seguir, as Power Skills.

POWER SKILLS, AS HABILIDADES PODEROSAS PARA ATINGIR SEU POTENCIAL

"O futuro do trabalho tem a ver com habilidades, e não somente com diplomas."
JAMIE DIMON (CEO E CHAIRMAN DO JP MORGAN CHASE, UM DOS MAIORES BANCOS DO MUNDO)[9]

Como você pôde entender até aqui, enquanto as Hard Skills são conhecimentos técnicos que exigem certificação ou diploma para comprovar a competência de um profissional em relação a uma determinada habilidade, as Power Skills são as habilidades comportamentais, mais abstratas e subjetivas, voltadas para as relações e interações humanas.

As Power Skills, cujo termo pode ser traduzido livremente como "habilidades poderosas", se referem ao conjunto das habilidades essenciais e críticas necessárias para atuarmos em um mundo cada vez mais veloz e BANI, acrônimo em inglês para frágil, ansioso, não linear e incompreensível, cunhado pelo antropólogo estadunidense Jamais Cascio, que se tornou conhecido em 2020 com o colapso mundial causado pela pandemia do coronavírus (covid-19).

Nesse contexto, as Power Skills são justamente a soma poderosa das habilidades técnicas com as aptidões comportamentais. Elas abrangem um vasto espectro de habilidades e características de um profissional e estão presentes de maneira diferente e exclusiva em cada um, tornando o indivíduo único e capaz de lidar com os desafios cada vez mais exigentes nesta era da transformação digital.

No quadro a seguir, é possível visualizar as diferenças entre as Power e as Hard Skills.

POWER SKILLS	HARD SKILLS
HABILIDADES COMPORTAMENTAIS	HABILIDADES TÉCNICAS
NÃO SÃO MENSURÁVEIS	SÃO MENSURÁVEIS
SUBJETIVAS	OBJETIVAS
COMUNICAÇÃO; COLABORAÇÃO; EMPATIA.	GRADUAÇÃO; FLUÊNCIA EM IDIOMA; CONHECIMENTO DE PROGRAMAÇÃO.

A IMPORTÂNCIA DAS SKILLS

Mas, afinal, o que é mais importante para um profissional, as Hard Skills ou as Soft Skills? Essa é uma das perguntas que mais recebo em sessões de mentoria. E a minha resposta é que as Power Skills complementam as Hard Skills e são cruciais para o sucesso profissional – e para a vida!

Quanto mais potentes as Power Skills, maior o valor das Hard Skills.

A pesquisa Global Talent Trends Report do LinkedIn,[10] de 2019, aponta que 92% dos gestores de Recrutamento e Seleção consideram que as Power Skills são igualmente importantes, senão mais importantes, que as Hard Skills; 80% deles pensam que as habilidades sociais são cada vez mais essenciais para o sucesso de uma empresa, enquanto 89% das "contratações ruins" são atribuídas a funcionários com habilidades sociais ruins.

As empresas estão finalmente começando a dar o devido valor para essas habilidades, inserindo perguntas de competências no processo de seleção e métricas na avaliação de desempenho, tornando-se, assim, um fator preponderante na decisão de contratação e promoção. Entender como você as desenvolve e aprimora não vai apenas ajudá-lo em um processo seletivo, mas, principalmente, facilitar sua navegação e seu desempenho em uma organização.

Um levantamento interessante realizado pela Page Personnel, consultoria especializada em recrutamento para cargos de nível técnico e suporte à gestão, aponta que nove em cada dez profissionais são contratados pelo perfil técnico e demitidos pelo comportamental.[11] E de acordo com uma pesquisa da Harvard University, Carnegie Foundation e Centro de Pesquisas de Stanford, 85% do sucesso dos profissionais é resultado do desenvolvimento das Power Skills, sendo que apenas 15% é proveniente das habilidades e conhecimentos técnicos.[12]

Ao desenvolver as Power Skills, é possível ter um repertório mais amplo para lidar com situações desafiadoras do cotidiano. Essas habilidades não são essenciais apenas para o crescimento do profissional, mas também para os cargos de liderança. No livro *The Hard Truth About Soft Skills*,[13] a autora Peggy Klauss apresenta uma pesquisa realizada com os funcionários das empresas listadas na *Fortune 100*, que revela que os gerentes de melhor desempenho são os que demonstram maior nível de autoconhecimento e habilidades interpessoais. Ou seja, a capacidade de se relacionar bem com outras pessoas e obter resultados positivos dessas conexões, como, por exemplo, habilidades de comunicação e empatia, influenciam diretamente a qualidade da atuação desses profissionais.

Outro ponto importante é o impacto que a ausência das Power Skills na liderança causa no turnover das empresas. Segundo o levantamento da consultoria de recrutamento Michael Page,[14] a razão número um pela qual os funcionários pedem demissão é o seu líder direto. Você já deve ter escutado algo como: "Os funcionários deixam os seus gestores, e não as empresas". A rotatividade dos funcionários é altamente influenciada pelo nível de habilidade de liderança dos gestores.

Interessante também notar algumas celebridades e influenciadores citando as Power Skills como habilidades superpoderosas. Para Gary Vaynerchuk e Oprah Winfrey é a EMPATIA;[15] para Richard Branson é a ESCUTA ATIVA[16] e para Reid Hoffman é a COLABORAÇÃO.[17] Além de eles utilizarem essas habilidades para melhor entender, trabalhar e colaborar com seus times, as Power Skills são cruciais para o próprio SUCESSO deles. E não é de surpreender que eles também busquem evidências dessas Skills ao contratar novos membros para as suas empresas.

Por fim, vale citar Steve Jobs como um exemplo de liderança e referência em várias Power Skills. Ele criou uma das empresas mais valiosas do mundo e foi responsável por mudar a maneira como interagimos com a tecnologia. Jobs tinha o domínio de algumas Hard Skills, como a programação de software, mas seu forte eram as Power Skills, como habilidade de comunicação, resolução de problemas, tomada de decisão, pensamento crítico, criatividade e foco.[18]

Neste livro, abordarei com detalhes as 8 Power Skills que relaciono a seguir, e você vai aprender a desenvolvê-las e aprimorá-las para acelerar sua carreira e atingir a máxima potência.

> Habilidades essenciais: disciplina; foco; comunicação; colaboração.
> Habilidades de alta performance: garra; mentalidade de crescimento.
> Habilidades de liderança: pensamento crítico; empatia.

O FUNDAMENTO DAS HABILIDADES • 45

Vamos começar essa jornada com a DISCIPLINA. A minha favorita. A Skill que faz a diferença e vai transformar a sua vida. Existe uma máxima que diz que o sucesso deixa pistas, ou seja, pessoas bem-sucedidas tendem a deixar o caminho das pedras traçado para quem deseja atingir o sucesso. E, certamente, a disciplina é um desses traços.

No próximo capítulo, você vai entender tudo sobre disciplina com uma metodologia prática e eficiente para ajudá-lo a atingir seus objetivos. Se eu fosse você, não deixaria de acessar o QR Code a seguir para fazer o "esquenta" das habilidades essenciais e transformadoras em sua vida. Esse vídeo viralizou na internet, e eu penso nele todos os dias ao fazer a minha cama; uma tarefa simples, mas com enorme significado.

Assista ao vídeo[19] e entre no clima da leitura e dos aprendizados necessários para viver em sua máxima potência.

https://www.youtube.com/watch?v=uWea3l4DWFE

parte dois

DESEN

VOLVA

02

DISCIPLINA, A MÃE DE TODAS AS SKILLS

> A distância entre o sonho e a realidade chama-se disciplina."
> **BERNARDINHO**[1]

POR QUE A DISCIPLINA É DETERMINANTE NA VIDA?

A **disciplina** é a mãe de todas as skills. É a mãe da realização, da alta performance, do **sucesso**. É a base para desenvolver ou aprimorar qualquer outra habilidade para atingir seus objetivos e sonhos. Ter disciplina é fazer o que tem de ser feito, quando tem de ser feito, da melhor maneira possível, mesmo que você não queira.

A disciplina constrói sua carreira, sua saúde, seus relacionamentos, os pilares da sua vida. Ela é a chave do desenvolvimento para sermos tudo aquilo que podemos ser. É a essência para atingir a sua potência máxima. Então, meu primeiro convite para você é aprender, apreciar e dar as boas-vindas à disciplina.

Quando analiso a minha carreira em retrospectiva, não tenho dúvidas de que a disciplina foi a habilidade-chave que me ajudou a atingir meus objetivos e meu potencial. E, considerando que você está lendo este livro, acredito que também queira entender como alcançar o seu.

Você já se perguntou o que poderia ter conquistado se fosse mais disciplinado? Que oportunidades teria aproveitado? Como poderia ser mais saudável? A boa notícia é que nunca é tarde para aprender e lapidar essa habilidade que nos impulsiona e nos transforma. E, se você chegou até aqui, já está sendo disciplinado.

De maneira geral, a maioria das pessoas não está disposta a fazer o que é preciso. Há um ditado popular americano que diz: "Todo mundo quer ir para o céu, mas ninguém quer morrer".

Todos os dias, fazemos escolhas que não necessariamente estão de acordo com aquilo que precisamos fazer. Quantas vezes você já iniciou uma dieta e não conseguiu manter? Ou uma rotina saudável de treino? A disciplina entra aqui, e é a chave para você fazer aquilo que precisa ser feito, mesmo sem vontade, até que se torne um hábito.

Na verdade, o primeiro hábito das pessoas bem-sucedidas é a disciplina. Ela tem um impacto na sua vida maior do que qualquer outro fator. Ao contrário do que muitos pensam, ter disciplina não significa ter um estilo de vida limitado ou chato e restritivo. Ela não restringe a sua liberdade, pelo contrário, ela a cria. Quando você não tem disciplina financeira, está sempre estressado, pensando em como pagar as contas. Quando você não tem uma rotina saudável, está sempre com baixa energia e produtividade. Ou seja, o sentimento de estar correndo atrás é constante, e você tem menos tempo e liberdade para fazer as atividades de que mais gosta no seu dia.

Considero o esporte uma das melhores escolas para aprender os fundamentos da disciplina. Ter treinado arduamente todos os dias, incluindo feriados, com sol e chuva, sem férias, escutando meu técnico dar bronca (mesmo quando eu não concordava), seguindo o plano tático e técnico de treinos, sendo diferente dos padrões da época (e muitas vezes ridicularizada por outros atletas e técnicos), fez parte da minha rotina por muitos anos, o que me preparou para futuros desafios.

Mais do que isso, me fez entender que o mais importante era me apaixonar pelo processo, ter clareza do objetivo que almejava. Agora, verdade seja dita, eu sempre fui disciplinada e determinada, no entanto o esporte potencializou essa minha habilidade. Quanto mais disciplinada eu era, mais resultados eu via e mais eu queria aprimorar essa habilidade. Era um efeito multiplicador que se retroalimentava.

Essa é uma característica comum a todos os atletas e profissionais bem-sucedidos que conheci ao longo da minha carreira. Sem disciplina, não há busca por melhoria da performance. Rafael Nadal, no tênis, e o Cristiano Ronaldo, no futebol, são exemplos de atletas que são pura inspiração e sinônimo de disciplina. Eles têm uma rotina planejada e regrada de treino, alimentação, recuperação e descanso que requer muita disciplina, dia após dia, para serem (e se manterem) os melhores do mundo.

Agora é um ótimo momento para você fazer uma pausa. O momento que chamo carinhosamente de "Para refletir", o qual nos acompanhará ao longo do livro como um lembrete sobre a importância da pausa e da reflexão.

PARA REFLETIR
> Você faz o que precisa ser feito todos os dias mesmo que não queira?
> Está satisfeito com a sua alimentação e rotina de exercícios?
> Faz as tarefas que precisa realizar sem procrastinar?

Caso sua resposta para uma dessas perguntas seja "não", este capítulo é a chave para você aprender a atingir seus objetivos. Você vai entender agora o que nos motiva a ter disciplina e o que está por trás dessa habilidade tão importante. Vamos ao método!

META E MÉTODO

Em primeiro lugar, para compreender melhor a disciplina, você tem de partir da seguinte premissa: a disciplina é uma competência que não requer talento. É uma musculatura que pode e deve ser treinada. E, para tal, vou apresentar a metodologia dos 3Rs: razão, repetição, recompensa. Um método simples, eficiente e de alto impacto.

Neste momento, esqueça as metas e concentre-se apenas no método. É por meio do método que atingimos os resultados. Com aperfeiçoamento e consistência. O que não significa dizer que as metas são inúteis, elas são importantes para determinar a direção, porém o método garante o progresso contínuo. É comum gastar tempo pensando nas metas e não focar o processo nem reservar tempo suficiente para ele.

As metas estão relacionadas aos resultados que se deseja alcançar. Os métodos se referem aos processos que levam a esses resultados.

Em seu livro *Caminhos e escolhas*, Abilio Diniz afirma que "ter método e disciplina pode, à primeira vista, parecer algo difícil de conseguir, mas, na minha opinião, isso, ou melhor, a falta disso é que impede a maior parte das pessoas de conquistar benefícios físicos e espirituais para si".[2]

Pensando sobre por que não é vantajoso ter objetivos baseados exclusivamente em metas, gostaria de dividir alguns insights com você.

1: VENCEDORES E PERDEDORES TÊM AS MESMAS METAS

Você já parou para pensar que todo atleta, amador ou profissional, tem o mesmo objetivo de vencer? Assim como todo candidato em um processo seletivo tem o objetivo de ser contratado. Dado que as metas das pessoas bem ou malsucedidas são as mesmas, então não é a meta que diferencia os vencedores dos perdedores. E sim o processo, o método e a preparação para chegar lá!

2: A META PODE ENTRAR EM CONFLITO COM O SEU PROGRESSO

Uma mentalidade orientada por meta pode criar um efeito "ioiô". Se você já fez algum tipo de dieta baseada em atingir determinado peso, provavelmente sentiu isso na pele. É muito comum, ao atingir o peso desejado, ter dificuldades em mantê-lo por muito tempo. Quando o trabalho está concentrado em uma meta específica, o que resta para nos impulsionar depois de atingi-la? É por isso que muitas pessoas retomam o peso anterior ou até engordam mais ainda depois de ter atingido seu objetivo. Não se trata de uma única realização, mas, sim, de um ciclo de consistência e melhoria contínua.

3: A META PODE LIMITAR A SUA FELICIDADE

Quando eu atingir minha meta, serei feliz. A armadilha desse pensamento é atrelar a felicidade a um momento que o seu "eu futuro" vai desfrutar. A meta cria um conflito do "ou-ou": ou você atinge seu objetivo e é bem-sucedido, ou fracassa e é uma decepção. Por outro lado, o pensamento focado no método oferece o antídoto. Lembro-me de estar feliz muito antes de me tornar Campeã Brasileira de Tênis. Eu estava apaixonada pelo processo de busca do meu sonho, apesar dos desafios e da rotina extenuante. Se você tem dificuldade para atingir seu objetivo, ouso dizer que o problema não é você, mas sim o seu método, ou possivelmente a falta dele.

Quando você se apaixona pelo processo, e não pelo resultado, não precisa esperar para ser feliz.

O MÉTODO DOS 3RS: O SEGREDO DE COMO SE TORNAR MAIS DISCIPLINADO

Razão. Repetição. Recompensa.

Chegou a hora de revelar o método dos 3Rs, a sequência de ações que aplico em meu dia a dia para atingir meus objetivos. Esse é o passo a passo para desenvolver essa habilidade que faz mágica e transformará a sua vida, a superskill, a mãe de todas as habilidades, salve, salve: a disciplina.

R1: RAZÃO

O ponto de partida para ter disciplina é ter uma razão para correr atrás dos seus objetivos que contenha os 3Ps: potente, poderosa e profunda. É preciso ter clareza do que você quer, e uma forte motivação (motivo para a ação) que reforce e sustente os motivos de criar novos hábitos ou mudar seu estilo de vida. Quando temos um motivo poderoso, temos mais força para cuidar desse novo hábito e mantê-lo, mesmo quando estamos cansados.

Um grande desejo potencializa uma grande ação, mesmo quando há muita resistência.

Tem gente que sabe o que quer e tem gente que acha que sabe o que quer. Por exemplo, alguém que quer parar de beber álcool apenas por querer é diferente de alguém que pretende fazer isso para estar mais próximo da família, para ser menos agressivo ou gastar menos dinheiro, pois esse hábito e vício arruína e destrói a família e as relações. Outro exemplo é alguém que quer aprender a tocar piano simplesmente porque gosta do instrumento. É uma situação diferente da de alguém que quer aprender para surpreender seu parceiro e fazer um pedido de casamento. Note a diferença na **profundidade** da razão.

Pense em algo que você realmente queira conquistar ou mudar na sua vida. Questione-se e não tenha pressa em encontrar a resposta. Qual é a verdadeira razão para querer mudar e atingir seu objetivo? A razão deve promover uma crença e convicção interna de que a mudança é necessária para o seu bem e o das pessoas que você ama.

A verdadeira mudança de comportamento para um novo hábito é a mudança de identidade. Você pode começar um hábito motivado pela razão, mas a única maneira de ter a disciplina para cultivá-lo é ele se tornar parte da sua identidade. As melhorias serão temporárias até se tornarem parte de quem você é. Decida o tipo de pessoa que você quer ser. Quem deseja se tornar? Pense em alguém que o inspira.

Uma vez que souber o tipo de pessoa que deseja ser, comece a dar pequenos passos para reforçar essa identidade. Por exemplo, a meta final não deve ser a de correr uma maratona e, sim, a de ter uma vida saudável, tornando-se um corredor. No livro *Hábitos atômicos*, James Clear cita um exemplo de uma amiga que perdeu mais de 50 quilos somente se perguntando: "'O que uma pessoa saudável faria? Uma pessoa saudável caminharia ou pegaria um táxi?' Durante todo o dia ela usava essa pergunta como guia. Ela imaginou que, se agisse como uma pessoa saudável por tempo suficiente, eventualmente se tornaria essa pessoa. Ela estava certa".[3]

Este é o **seu** momento. Defina a sua intenção de implementação de maneira clara. Agora você tem uma forte razão para atingir seus objetivos e não desistir no primeiro desafio.

Lembre-se: sua mudança e nova identidade emergem de seus hábitos. Quando você faz algo todos os dias, incorpora essa nova persona. Quando treina todos os dias, incorpora a identidade de uma pessoa saudável e atlética. E, assim, seguimos para o próximo R: repetição. Vamos lá!

R2: REPETIÇÃO

Se você deseja dominar um hábito e torná-lo progressivamente automático, a chave é a repetição, e não a perfeição. O fato é que subestimamos o valor da repetição de pequenas ações diárias. Muitas vezes nos convencemos de que um grande resultado e sucesso requerem uma grande ação e muito esforço. Seja para perder peso, escrever um livro, economizar dinheiro ou atingir qualquer outro objetivo.

No entanto, a formação de um hábito ocorre por meio da repetição. Quanto mais repetimos uma ação, mais eficiente em realizá-la o cérebro se torna. Neurocientistas chamam isso de potenciação de longa duração, que se refere ao fortalecimento das conexões entre os neurônios do cérebro. Esse fenômeno foi descrito pela primeira vez pelo neuropsicólogo Donald Hebb em 1949 e, por isso, ficou conhecido como Lei de Hebb: "Neurônios que disparam juntos, permanecem conectados".[4]

O gráfico a seguir, inspirado no livro *Hábitos atômicos*, mostra que o efeito da repetição dos pequenos hábitos diários se acumula com o tempo. Por exemplo, se você conseguir se tornar apenas 1% melhor a cada dia, terá resultados aproximadamente 37 vezes melhores depois de um ano. É pura matemática. Por outro lado, se ficar 1% pior a cada dia durante um ano, declinará quase a zero. O que começa com uma pequena vitória ou um pequeno contratempo se acumula em algo de mais impacto. Embora a melhora diária não seja perceptível no dia a dia, é extremamente significativa a longo prazo.

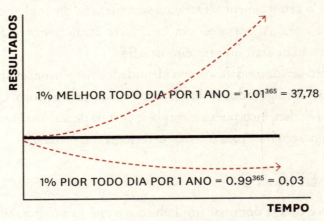

Fonte: adaptado de CLEAR, 2019.

Como podemos ver, os hábitos são os juros compostos do autoaperfeiçoamento. Da mesma maneira que o dinheiro se multiplica com os juros compostos, os efeitos das suas ações se multiplicam à medida que você as repete. E quanto maior o intervalo de tempo que você passa repetindo um comportamento, maior se torna a margem entre o sucesso e o fracasso. Assim, podemos concluir que bons hábitos transformam o tempo em aliado. Maus hábitos o tornam seu inimigo.

"O sucesso é resultado de seus hábitos diários, e não de transformações únicas na sua vida."[5]

No entanto, não podemos deixar de lado a sorte ou os eventos e fatores externos que não podemos controlar. Eles importam e podem impactar a sua vida. Hábitos não são a única coisa que influenciam seu sucesso, mas provavelmente são o fator mais importante e estão sob o seu controle. Portanto, a única estratégia de autoaprimoramento que faz sentido é você se concentrar naquilo que pode controlar, na sua habilidade.

Mas chega de teoria. Vamos agora para a prática. Como vimos até aqui, hábito é prática. Ação e repetição! Quero apresentar os Recados Importantes, que vão ajudá-lo a recordar o que realmente importa.

Quando você se apaixona pelo processo, e não pelo resultado, não precisa esperar para ser feliz.

@DAFSPACE

REC1: NÃO TENTE MUDAR TUDO AO MESMO TEMPO

Comece devagar, encontre o seu ritmo. Ao invés de realizar várias mudanças gigantes ao mesmo tempo e do dia para a noite, faça pequenas mudanças. Comece com mini-hábitos, ações fáceis que você consiga colocar imediatamente em prática.

Exemplos de mini-hábitos fáceis e efetivos para você implementar agora:

> Em vez de se matricular na academia, comece andando um pouco todos os dias;
> Em vez de estipular a meta de ler dois livros por mês, leia um parágrafo por dia. Você consegue, já está lendo agora!;
> Em vez de fazer uma dieta restritiva e de baixa caloria, comece evitando a repetição de prato ou de sobremesa.

Vale a ressalva de sempre buscar a orientação de um profissional para assuntos relacionados à saúde física e mental.

REC2: EMPILHAMENTO DE HÁBITOS

Uma das melhores maneiras de começar um mini-hábito é identificar um atual, algo que você já faz, e em seguida empilhar seus novos comportamentos sobre ele. Isso é o empilhamento de hábitos. O método, criado por B. J. Fogg como parte de seu programa Tiny Habits [Pequenos Hábitos, em tradução livre],[6] pode ser usado para qualquer situação.

Exemplos de pilha de hábitos que você pode fazer:

> Depois de tomar o café, medite por 5 minutos;
> Depois de meditar, faça 5 abdominais;
> Depois de fazer as 5 abdominais, leia um parágrafo de um livro.

Não menospreze a simplicidade dos mini-hábitos. Eles funcionam e são poderosos. Comece agora.

REC3: PACIÊNCIA E PERSEVERANÇA

Você precisa ser paciente. Persistir, resistir e não desistir. Os resultados mais poderosos são originados de pequenos começos. Confie no método. Muitas vezes, esperamos que o progresso seja linear ou crescente, mas nem sempre isso é verdade. Você não se torna um campeão do dia para a noite. Você não se torna diretor de uma empresa logo após sair da faculdade. Eu me tornei campeã paulista de tênis após quatro anos de dedicação intensiva e de uma árdua rotina de repetições: treinar, comer, estudar e dormir. Como costumamos dizer, não existe almoço grátis.

REC4: TORNE OS HÁBITOS DIFÍCEIS MAIS ATRAENTES

Associe-os a uma experiência positiva. Destaque os benefícios em vez de os inconvenientes. Por exemplo, muitas pessoas associam os exercícios a uma atividade chata. Em vez de dizer "preciso correr de manhã", diga "vou ganhar mais resistência, preparo físico e velocidade".

Guarde esses RECs. Tire uma fotografia para guardar no celular e levar com você. Releia-os sempre que precisar resgatar a disciplina. Essas são táticas simples e poderosas para garantir o seu progresso. Depois que começar a fazer a coisa certa, é mais fácil manter, pois você ganha confiança ao ver os resultados.

Em suma, um hábito deve ser estabelecido antes de ser melhorado. Você tem de padronizar antes de otimizar. Muitos tentam fazer algo difícil e grandioso na largada e, ao não conseguir, desanimam e desistem.

> **"Disciplina é fazer duas coisas duas mil vezes,
> e não duas mil coisas apenas duas vezes."**
> ROBERTO SHINYASHIKI[7]

Em poucas palavras, a frequência e a consistência são mais poderosas do que a intensidade. Comece agora as pequenas mudanças, vale muito a pena conquistar objetivos e sonhos!

R3: RECOMPENSA[8]

A recompensa é o prêmio, a realização em atingir seu objetivo. É o estímulo positivo que ocorre e diz ao cérebro que o hábito funciona, e por isso deve ser memorizado e repetido. O hábito vai se reforçando em um loop infinito. Emoções positivas cultivam hábitos. Aquilo que é recompensado é repetido.

O fato é que perseguimos a sensação de prazer. Se você faz ou já fez atividades físicas, já sentiu o estímulo da endorfina no pós-treino. A recompensa está do outro lado do sacrifício, ela só vem depois que a energia é gasta, o "barato do corredor" só vem depois de uma corrida difícil. O troféu só vem depois de ganhar um torneio.

EM AÇÃO: COMO TER MAIS DISCIPLINA? (EA1)

Chegou a hora de fazer acontecer. Os 3Rs são uma ferramenta para ajudá-lo a atingir seus objetivos. Invista tempo aqui. Não pule para o próximo capítulo.

Na tabela abaixo, você deve iniciar preenchendo o campo referente ao objetivo que quer atingir neste momento. A título de exemplo, coloquei "Ser mais saudável".

Na sequência, temos o campo R1, no qual você deve identificar a RAZÃO (profunda, potente e poderosa) pela qual você vai se comprometer para atingir esse objetivo. No meu caso, a razão para eu ser mais saudável é o meu bem-estar, a autoestima e a longevidade.

A seguir, no campo R2, você deve estabelecer a REPETIÇÃO dessa atividade, qual a frequência desse novo comportamento. Aqui, estou me comprometendo a realizar uma atividade física de 3 a 4 vezes por semana por 30 minutos. Minha dica é definir um objetivo inicial possível de ser realizado. Imagine que está em seu "pior dia", quando não tiver motivação ou houver qualquer outro obstáculo, e mesmo assim consiga fazer.

Importante: Comece devagar, não deixe de fazer aquilo com o que se comprometeu. Nem que seja uma flexão por dia. O importante é ter consistência, não pular nenhum dia, até criar o hábito e alcançar a tão desejada disciplina de forma automática.

E por fim, o R3, a cereja do bolo, a tão desejada e almejada RECOMPENSA, o prêmio que você obterá após o esforço aplicado. A minha recompensa é a endorfina, aquela sensação de prazer pós-treino, a possibilidade de realizar pequenas indulgências sem culpa (comer chocolate todos os dias) e de me sentir bem com o meu corpo.

O MÉTODO DOS #3RS: COMO TER DISCIPLINA?

IDENTIFIQUE UM OBJETIVO IMPORTANTE QUE VOCÊ QUEIRA ATINGIR				EXEMPLO: SER MAIS SAUDÁVEL
METODOLOGIA	R'S		REFLITA E RESPONDA ESTAS PERGUNTAS	EXEMPLO DE RESPOSTAS
3RS	R1	RAZÃO	QUAL A RAZÃO (PROFUNDA, POTENTE E PODEROSA) PELA QUAL VOCÊ SE COMPROMETERÁ?	LONGEVIDADE, BEM-ESTAR E AUTOESTIMA.
	R2	REPETIÇÃO	QUAL A FREQUÊNCIA DESSE NOVO COMPORTAMENTO?	30 MINUTOS DE 3 A 4 VEZES POR SEMANA.
	R3	RECOMPENSA	QUAL A RECOMPENSA QUE OBTERÁ APÓS O ESFORÇO APLICADO?	ENDORFINA. EMAGRECER. PEQUENAS INDULGÊNCIAS.

Agora é com você. E somente com você. E por você. E por quem você ama. E por quem depende de você. Não procrastine mais. Não delegue o seu sucesso e a sua felicidade. Não desista na primeira dificuldade. Coloque o método em prática. Eu garanto que você verá o resultado. Prove a si mesmo que consegue.

Lembre-se de que você não precisa ter ou nascer com talento. A disciplina não exige um dom natural. Você aprendeu que essa é uma virtude que pode ser adquirida com treino. A disciplina faz muitas coisas, mas o mais importante é o que ela faz para e por você.

Um novo hábito realizado com disciplina muda a direção da sua vida. Bora mudar o que precisa ser mudado?

E seguimos com a próxima habilidade. O foco caminha junto com a disciplina para levá-lo aos seus objetivos e a uma vida de realizações. Vem comigo!

03

FOCO: MENOS É MAIS

> "Algumas pessoas acham que foco significa dizer sim àquilo em que você irá focar. Mas não é isso. Significa dizer não às centenas de outras boas ideias que existem. Você precisa selecionar cuidadosamente."
>
> **STEVE JOBS**[1]

Se a disciplina é a mãe de todas as skills, o foco é seu irmão gêmeo. São duas competências que andam juntas em diversos contextos. Elas normalmente são apontadas como os diferenciais de um atleta, os requisitos e as competências necessárias para conquistar uma vaga de emprego e a exigência do professor e da nutricionista ao iniciar um novo programa de treino na academia ou um plano alimentar.

O fato é que, por andarem sempre de mãos dadas, muita gente confunde foco e disciplina, pensando que são a mesma coisa. Contudo, por mais que sejam habilidades comportamentais complementares e que compartilhem entre si alguns aspectos, não são sinônimos.

QUAL A DIFERENÇA ENTRE FOCO E DISCIPLINA?

Enquanto o foco é a nossa capacidade de escolher um ponto único para nos dedicar, a disciplina é a nossa capacidade de persistir até atingirmos o objetivo.

Analisando sob a linha do tempo, o foco está na nossa decisão do que fazer no início do processo. Ter foco é escolher em que investir e concentrar as energias. Já a disciplina é o que precisamos ter do meio ao fim do processo, após ter decidido aquilo em que vamos focar. A disciplina é a capacidade que temos de seguir o plano até que as metas sejam concretizadas. Como você pode perceber, são duas competências e habilidades diferentes, porém complementares e igualmente importantes. Por meio delas, estabelecemos uma trajetória que tem começo, meio e fim.

Neste momento, é importante trazer uma passagem da minha vida enquanto atleta, quando aprendi o que era foco e disciplina nas

64 • POWER SKILLS

quadras, ou melhor, na raça. Foi praticamente um MBA, quando ainda mal sabia o significado de Power Skills.

Aos 15 anos, eu estava no Ensino Médio e estudava de manhã; à tarde, praticava natação, tênis e vôlei no clube, além de fazer aula de órgão e inglês duas vezes por semana. Treinar e competir faziam parte do meu dia a dia, incluindo fins de semana e férias com meus irmãos, Yoram e Dani, também apaixonados por esporte, parceiros (e rivais) de treino, que estimularam ainda mais minha competitividade e busca por minha melhor versão.

No entanto, tudo mudou quando venci o primeiro torneio de tênis como principiante. No treino seguinte, meu técnico questionou qual era o meu próximo objetivo. Respondi, sem titubear, que desejava ser a número um do ranking de São Paulo e campeã brasileira de tênis, uma meta para lá de ousada para alguém que tinha começado a jogar apenas com 14 anos, sem grande talento, enquanto a média das meninas que competiam iniciavam no tênis entre 4 e 6 anos.

Naquele momento, tive a primeira e mais importante aula sobre foco. Foi um divisor de águas na minha vida. Se de um lado eu tinha a garra e os 4Ds – desejo, determinação, dedicação e disciplina, que são os pilares fundamentais de um atleta de alto nível –, de outro faltava o foco. Era necessário abdicar das outras atividades, ou seja, fazer escolhas, pois meu tempo e minha energia estavam sendo dissipados.

Bingo! Entendi. Ter foco é fazer escolhas. É definir uma única ação necessária para atingir seu objetivo e fazê-la muito bem-feita. Levei esse aprendizado de grande valia para a minha vida, e ele foi essencial em muitas outras decisões importantes que permearam a minha trajetória. Aprendi que a vida é feita de decisões.

Quanto maior o desafio, maior deve ser o foco.

Na teoria, isso parece simples, no entanto não é o que ocorre na prática com a maioria das pessoas. E com você?

> **PARA REFLETIR**
> - Você se considera uma pessoa que precisa de foco?
> - Distrai-se com e-mails, reuniões, mensagens ou ligações sem importância com frequência?
> - Acha que está sobrecarregado ou que o tempo não é suficiente para fazer tudo de que precisa?

Caso tenha respondido "sim" para uma ou mais dessas perguntas, não se preocupe. Você não está sozinho. Entenda quais são as principais armadilhas que atrapalham o foco em seu dia a dia.

POR QUE É TÃO DIFÍCIL TER (E MANTER) O FOCO?

DESAFIO DO HOME OFFICE

A pandemia fez com que muitos profissionais precisassem se adaptar rapidamente ao home office, criando mais desafios para manter o foco dentro de casa, exigindo o gerenciamento de tempo entre família e trabalho no mesmo ambiente. Soma-se a isso o fato de associarmos nossa casa a momentos de lazer e descanso, criando a complexidade de organizar o espaço físico.[2]

ABUNDÂNCIA DE DISTRAÇÕES

Na última década, tivemos um aumento exponencial de opções. Vivemos em um mundo de abundâncias, rodeados por fontes de distração humanas e tecnológicas. Você já ouviu falar na Teoria da Fadiga da Decisão? Cunhada pelo dr. Roy F. Baumeister, ela aborda a síndrome que causa o esgotamento. O excesso de escolhas profissionais e pessoais que tomamos rotineiramente exige muito do cérebro (muitas vezes sem nem percebermos), nos levando a fazer escolhas menos inteligentes. Quanto mais cansados estamos mentalmente, piores as nossas escolhas.[3]

RECEIO DE FICAR DE FORA E PERDER ALGO

FoMO é a sigla em inglês para *fear of missing out* — "medo de estar perdendo algo", em uma tradução literal do inglês. Descrita pela primeira vez em 2000 por Dan Herman, FoMO é o medo de não ter as mesmas boas experiências que as outras pessoas têm.[4] Mesmo que até agora você não soubesse exatamente o que é FoMO, é provável que você ou alguém próximo sofra com isso. Sabe aquela sensação de não ter tempo suficiente para acompanhar tudo o que está acontecendo na internet, ou de estar por fora das redes sociais?

PROCRASTINAÇÃO, QUEM NUNCA?

A briga do ser humano com prazos é ancestral. O problema é tão atemporal que antigos filósofos gregos como Sócrates e Aristóteles desenvolveram uma palavra para descrever esse tipo de comportamento: *akrasia*. *Akrasia* é o estado de agir contra o seu melhor julgamento. É quando você faz uma coisa mesmo sabendo que deveria fazer outra.[5]

É comum priorizarmos algumas tarefas simples, fáceis ou prazerosas, enquanto deixamos as tarefas complexas e que realmente importam intocadas para outro dia. Quem nunca deixou para entregar a declaração de Imposto de Renda no último dia do prazo? Todo mundo já procrastinou alguma vez (eu, muitas!).

Em alguns casos, a procrastinação pode ser, inclusive, sintoma de um transtorno psiquiátrico. "Adiar tarefas pode ser um sinal de depressão, de transtorno obsessivo-compulsivo, de TDAH [transtorno do déficit de atenção com hiperatividade]", afirma Ivo Emílio Jung, psicólogo cognitivo-comportamental e pesquisador da Universidade Federal de Santa Maria (UFSM).[6]

O desafio é que o cérebro é programado para procrastinar. Em geral, tendemos a lutar contra tarefas que prometem vantagem futura em troca de esforços que realizamos agora. Isso ocorre porque o incômodo imediato é muito tangível em comparação com os benefícios futuros incertos.[7]

Afinal, como podemos combater a procrastinação? Trago, neste ponto, dois RECs valiosos:

REC1: TORNE A RECOMPENSA DA AÇÃO MAIS IMEDIATA

Uma das melhores maneiras de trazer recompensas futuras para o momento presente é com uma estratégia conhecida como agrupamento de tentações.[8]

Simplificando, a fórmula é a seguinte: faça [algo que você ama] enquanto faz [algo que você procrastina].

Alguns exemplos simples de agrupamento de tentações:

> Ouça o podcast que você adora enquanto se exercita;
> Assista ao seu programa favorito enquanto realiza tarefas domésticas.

REC2: TORNE A TAREFA MAIS FÁCIL

Fracione a tarefa principal em atividades menores. Tornar as tarefas mais viáveis é importante por dois motivos:

> Pequenas medidas de progresso dão confiança e ajudam a manter o ritmo a longo prazo;
> Quanto mais rápido concluímos uma tarefa, mais produtivo tornamos o nosso dia.

Lembre-se do vídeo do ex-almirante da marinha William H. McRaven no capítulo introdutório de disciplina.

Agora que você aprendeu a como evitar a procrastinação, chegou a hora de se aprofundar na mentalidade do essencialista e conhecer os benefícios do perfil monotarefa.

MENOS, PORÉM MAIS

Não significa fazer mais em menos tempo. É, sim, fazer as coisas certas no tempo certo.[9]

A ideia de que "menos é mais" significa que o importante é aproveitar, com inteligência, o tempo, a energia e os recursos que você tem. Não é fazer menos simplesmente por fazer menos, e sim fazer o que é preciso ser feito da melhor maneira possível.

A imagem a seguir, que foi inspirada no livro *Essencialismo*,[10] do autor best-seller Greg McKeown, ilustra de maneira precisa o conceito da disciplinada busca por menos, porém melhor.

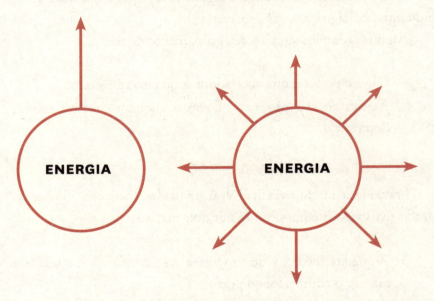

Na imagem da direita, a energia é dividida em muitas tarefas, ou seja, dispersada em várias direções. Esse é o exemplo clássico de pessoas multitarefas. Como resultado, a experiência é pouco satisfatória, pois o avanço é muito curto e de baixo impacto. Na imagem da esquerda, por outro lado, quando temos a energia focada em uma única tarefa e centralizada em uma direção (monotarefa), o resultado é potente.

Você pode até pensar que pode produzir mais quando faz tudo ao mesmo tempo, mas não deveria. Entenda o porquê.

MULTITAREFA × MONOTAREFA (COMO TER FOCO EM UM MUNDO REPLETO DE DISTRAÇÕES?)

Um estudo da Universidade Stanford[11] revelou que as pessoas que realizam várias tarefas ao mesmo tempo são mais facilmente distraídas, menos produtivas e cometem mais erros. A memória de longo prazo é afetada, e a criatividade, reduzida.

O que ocorre é que o cérebro não foi projetado para trabalhar em várias iniciativas ao mesmo tempo. No processo de alternância entre uma atividade e outra, ele perde tempo para entender as variáveis da nova tarefa. "Isso dá a impressão de que estamos resolvendo duas coisas ao mesmo tempo, quando, na verdade, não estamos fazendo nenhuma de forma eficiente", afirma o neurologista Leandro Teles, da Academia Brasileira de Neurologia.[12]

Embora tenhamos mais benefícios e resultados quando temos o foco em poucas coisas, esse não é o caminho percorrido pela maioria das pessoas. Confesso que já estive nesse lugar. Achava que operar no modo multitarefa significava mais eficiência, pois tinha a sensação da possibilidade de fazer mais. Estar com a agenda repleta de reuniões, sem intervalo algum entre uma e outra, sempre foi considerado motivo de orgulho.

Assim como eu, vi muitos profissionais sobrecarregados pela pressão do cotidiano, um sofrimento muitas vezes silenciada pela dor de "ter de fazer tudo ao mesmo tempo e com perfeição", sem ter ideia do que nem de como fazer para mudar. E é sobre isso que vamos falar logo mais. Mas, antes, é importante entender os benefícios de ter a nossa (preciosa) atenção voltada para poucas tarefas.

OS BENEFÍCIOS DA MONOTAREFA

> Menos sobrecarga, menos estresse e maior clareza mental;
> Realização eficiente daquilo que realmente importa;

- Menos distrações com coisas sem importância, e mais liberdade para aproveitar o tempo;
- Desenvolvimento de relacionamentos mais profundos ao dedicar mais atenção, e não apenas tempo, às pessoas;
- Menos culpa e dúvidas, sabendo que fez intencionalmente o que precisava ser feito.

> ### RÁPIDA REFLEXÃO
> Se o multitasking é tão ineficiente, por que continuamos fazendo tudo ao mesmo tempo?

Uma das explicações é a demanda de mercado. "Essa ênfase no indivíduo polivalente é resultado do movimento de downsizing que começou nos anos 1990 no Brasil, com a redução de custos, redesenho de processos e introdução de tecnologias", afirma Anderson Sant'Anna, gerente do Núcleo de Desenvolvimento e Liderança da Fundação Dom Cabral. "Com equipes cada vez mais enxutas, as empresas precisam de pessoas que façam várias coisas ao mesmo tempo, principalmente em cargos de gestão".[13]

Mas há outro componente nessa equação: o prazer. "Tem a ver com o mecanismo de recompensa", explica o neurologista Leandro Teles. Quando concluímos uma atividade, o organismo libera uma dose de dopamina, o hormônio da recompensa. A sensação é boa, e nosso cérebro nos encoraja a continuar alternando entre essas pequenas tarefas em troca de gratificação instantânea. Ficamos felizes quando conseguimos tirar algo da frente de maneira mais rápida e procrastinamos aquilo que demanda maior envolvimento, interação e cognição.[14]

Isso cria a falsa sensação de que estamos realizando uma tonelada de atividades, quando na verdade não estamos fazendo o principal. Nem os *millennials* escapam: segundo Teles, a geração mais conectada recebe uma overdose de estímulos, o que os deixa com maior habilidade de alternar a atenção. Mas isso vem acompanhado de dificuldade de concentração e superficialidade.

Somos uma geração com muitos recursos e capacidade de foco cada vez menor.

> ### RÁPIDA REFLEXÃO
> Você já trocou algum ingrediente em uma receita ou errou na medida ao pensar em outra coisa ou realizar várias tarefas ao mesmo tempo?

Isso não significa que não possamos ou não devamos fazer várias tarefas ao mesmo tempo, sobretudo quando são tarefas habituais. Eu adoro, por exemplo, ouvir podcast enquanto estou correndo, arrumando a casa ou cozinhando algo trivial que não exige muita concentração. O fundamental aqui é, de maneira intencional, distinguir e filtrar as atividades que exigem total concentração daquelas mais rotineiras.

Deixo a seguir alguns recados importantes para guardar e ter por perto quando precisar ativar o foco.

REC1: ESTAR OCUPADO NÃO TORNA NINGUÉM PRODUTIVO

Não confunda. Produtividade não significa lotar o dia de compromissos ou realizar múltiplas tarefas ao mesmo tempo, e sim dar o seu melhor naquilo que deve ser feito. Não importa quão ocupado você esteve se, no fim do dia, não tiver produzido algo relevante. A minha definição favorita de produtividade é: a capacidade de realizar aquilo que se pretende fazer.

REC2: MAIS ESFORÇO NÃO GERA NECESSARIAMENTE MAIS RESULTADO

Menos, porém mais. Aprecie essa ideia. Menos estresse, mais performance. Menos fadiga, mais resultado. Menos urgência, mais essência. Menos sobrecarga, mais controle. Você já ouviu falar do Princípio de Pareto ou Princípio 80/20? Conforme esse conceito, 20% do nosso esforço produz 80% do resultado.[15]

Não importa quão ocupado você esteve se, no fim do dia, não tiver produzido algo relevante.

@DAFSPACE

REC3: QUANDO MUITAS TAREFAS SÃO PRIORITÁRIAS, NA VERDADE NENHUMA É

A palavra prioridade deveria significar a coisa mais importante de todas. Portanto, defina quais são as três tarefas fundamentais no seu dia, das quais nada deve tirar o seu foco enquanto não estiverem finalizadas. Se você não estabelecer prioridades, alguém fará isso por você.

AFINAL, COMO ENTRAR NO MODO HIPERFOCO?

Antes de começar, pare o que está fazendo. Quero dizer, continue lendo. Pare todas as outras coisas. Coloque seu celular longe de seu campo de visão, a menos que esteja lendo nele. Experimente abaixar o volume da música. Desligar a TV. Ignorar aquela mensagem. E aproveite para ler. Basta ler.

Pronto, agora você está dando o primeiro passo para entrar no modo hiperfoco. E, quando perceber seu foco vacilando, deixe o livro de lado por alguns minutos para fazer algo mais mecânico, como, por exemplo, lavar a louça. Dessa maneira, você vai recarregar a atenção. Quando seu foco tiver sido reposto, volte ao livro com a mente renovada.

Agora, sim, modo foco! Vamos ativar o método dos 3Es: entender, explorar e eliminar!

O MÉTODO DOS 3Es: COMO TER O MELHOR RESULTADO NAQUILO QUE REALMENTE IMPORTA

E1: ENTENDER

"Seu foco determina a sua realidade"
QUI-GON JINN, *STAR WARS*[16]

O foco faz parte da minha vida e do meu DNA de ex-atleta, o que inclui experiência em administrar melhor as distrações ao meu redor e combater a vontade de procrastinar as atividades mais chatas ou complexas.

Comecei a enxergar a atenção como o ingrediente imprescindível para aumentar minha produtividade e meu bem-estar na vida profissional e pessoal. E o que descobri sobre foco por meio de estudos e vivência mudou completamente não apenas o modo como trabalho, mas também como levo a vida.

Quando investimos atenção (que é limitada) de maneira intencional a uma atividade, nos concentramos de maneira mais profunda e pensamos de modo mais claro. Em um mundo sobrecarregado de distrações, essa é uma habilidade essencial e diferencial. Vale aqui uma pausa para reflexão que pode ajudá-lo a mudar seu atual padrão de comportamento quando for chamado para realizar a próxima tarefa.

PARA REFLETIR
- Como você gerencia a sua atenção?
- Quantas vezes ao longo do dia você escolhe (intencionalmente) em que se concentrar?
- Esta é a tarefa mais importante que você deveria fazer agora considerando seu tempo?

Com essa reflexão, você começará a pensar nas tarefas de maneira mais intencional, distinguindo o que é urgente e importante daquilo que não é.

Nossa maior prioridade deveria ser proteger nossa prioridade.

É inegável que hoje temos mais distrações do que tivemos em toda a história. E se eu antes via a multitarefa como um atalho, passei a considerá-la uma armadilha para interrupções contínuas e improdutivas. A crua e dura verdade é que, embora possamos realizar algumas tarefas simultaneamente, não é possível ter o melhor resultado em todas elas.

Portanto, atenção para os dois preciosos RECs:

REC1: ATENÇÃO, A SUA MOEDA MAIS VALIOSA

Sabe aquela expressão "Você é o que você come"?, o mesmo se aplica para a nossa atenção. Nós somos aquilo a que dedicamos a nossa atenção. A todo o momento, estamos com o foco em algo, mesmo quando absortos em pensamentos. A atenção é uma habilidade essencial, o nosso ativo mais importante. Não à toa, a cada segundo a nossa atenção é disputada por marcas e anunciantes. Portanto, atenção, atenção com a sua atenção!

REC2: GERENCIE SUA ENERGIA, E NÃO O SEU TEMPO

Nós sabemos dizer quanto tempo, em média, trabalhamos por dia. No entanto, você sabe dizer quanto de energia tem disponível por dia? A energia é muito mais difícil de medir do que o tempo. "O número de horas em um dia é fixo, mas a quantidade e a qualidade da energia disponível para nós, não", afirmam Tony Schwartz e Jim Loehr em *The Power of Full Engagement*.[17]

No livro, os autores abordam as quatro dimensões da energia:

> Energia física: sono, atividade física e alimentação;
> Energia emocional: emoções negativas (impaciência, insegurança) e emoções positivas (meditação, gratidão);
> Energia mental: distrações e interrupções quando executamos tarefas de alta concentração;
> Energia espiritual: atividades que lhe dão mais prazer e recarregam sua energia (família, amigos, natureza).

REC3: SAIA DO PILOTO AUTOMÁTICO

De maneira geral, administramos nossa atenção no piloto automático. Quando recebemos um e-mail (principalmente quando o e-mail é do chefe), paramos o que estamos fazendo para responder. Quando alguém posta uma foto e nos marca, clicamos na sequência

E2: EXPLORAR

> **"Sem interesse seletivo, a experiência é o caos absoluto."**
> WILLIAM JAMES[18]

Como discernir as muitas coisas triviais das poucas essenciais? Explore. Avalie as opções antes de se comprometer. Explorar é uma etapa crucial para discernir as poucas coisas essenciais das muitas triviais. Para distinguir o que é vital, precisamos de espaço e tempo para pensar. No entanto, ironicamente, ter tempo para pensar é considerado um luxo mediante uma cultura hiperatarefada.

CRIE ESPAÇO PARA PENSAR

Uma prática comum no ambiente corporativo e que vivenciei em diferentes empresas são os offsites, cuja tradução livre pode ser "encontro de empresa fora do local de trabalho". Esse é um dos raros momentos que conseguimos colocar o time fora do escritório, longe da rotina, facilitando conversas e discussões de qualidade, tendo um pensamento "fora da caixa" sobre temas e áreas normalmente atropeladas na correria do dia a dia.

Eu costumava fazer esses encontros com meu time duas a quatro vezes ao ano, tendo uma agenda e objetivos bem definidos, como, por exemplo, alinhamento de estratégia e prioridades, apresentação de resultados e integração do time. A escolha do local, a dinâmica da agenda, o balanço de atividades em grupo e o tempo livre eram essenciais para tirar o melhor proveito do tempo investido, de maneira que o time pudesse pausar (sem culpa) as atividades rotineiras, recarregar as energias e se divertir ao mesmo tempo que estivesse trabalhando.

Acho fundamental reservar um tempo para respirar, olhar em volta e pensar. Esse nível de clareza se faz necessário para inovar e crescer. Além disso, esse era um momento importante para eu entender se o time estava sobrecarregado ou dedicando tempo a coisas não essenciais, de modo que podia ajudá-los a encontrar soluções de melhoria ou identificar a necessidade de contratação de mais profissionais para agregar ao time.

É preciso aplicar esse conceito do offsite no dia a dia. Ou seja, reservar momentos para se desligar (colocar no modo OFF) de maneira intencional. Realizar uma pausa na rotina frenética para desligar o piloto automático e conseguir olhar de longe (Zoom Out), com um panorama mais amplo do que é essencial e se estamos investindo tempo e atenção naquilo que realmente importa.

"Para ter foco, é preciso escapar para criar o foco."[19]

Por mais ocupado que você se considere, acredite que sempre é possível arranjar tempo e espaço para pensar. Aliás, essa foi mais uma das grandes lições que aprendi no esporte. Em um dos checkpoints com meu técnico para discutirmos como tinha sido o treino no fim de semana, eu disse que não tinha feito, pois estava sem tempo, em semana de provas na escola.

Eis que veio a bronca, ou melhor, o aprendizado: "Não existe falta de tempo. Existe falta de prioridade. Você poderia ter acordado mais cedo ou deixado de fazer alguma outra atividade". Esse foi o meu momento "A-há", ou seja, o momento da revelação.

Daquele dia em diante, nunca mais dei a desculpa (esfarrapada) da falta de tempo. Entendi que temos o poder da escolha de como investir nosso tempo e nossa energia. Não é possível ter tudo e fazer tudo com o melhor resultado. Precisamos aceitar que é preciso abrir mão de algo. Hoje em dia, em vez de questionar "Como posso fazer tudo?", concentro-me em uma única e definidora questão: qual problema quero resolver primeiro?

> **PARA REFLETIR**
> › Você já fez alguma pausa (intencional) em um dia com agenda atribulada, em um lugar sem distrações, para simplesmente pensar e refletir sobre questões essenciais?
> › Sabe qual a maneira mais eficiente de recarregar as energias ao longo de um dia intenso?
> › Caso saiba, com qual frequência você aplica isso no seu dia a dia? Caso não saiba, o que o impede de fazer?

STAY HUNGRY, STAY FOOLISH

"Continue faminto. Continue tolo."[20] Provavelmente, você já deve ter se deparado com essa famosa frase do Steve Jobs em um discurso emocionante e motivador que ele fez para a turma de formandos da Universidade de Stanford. O significado por trás dessa fala está associado a manter o espírito de criança, aprender brincando, questionar, admitir quando não sabemos algo, ser um eterno aprendiz.

Você sabia que a palavra "escola" vem do termo grego *skhole*, que significa lazer? No entanto, o nosso sistema de ensino, nascido na Revolução Industrial, removeu o lazer e boa parte do prazer do aprendizado.[21] Adotamos um modelo de educação fast-food que desgasta a nossa energia e imaginação.

E quando nos tornamos adultos, brincar não é algo bem-visto. E defino brincar como tudo que fazemos pela simples alegria de fazer, e não como um meio para atingir um objetivo. Desenhar, tirar foto, ouvir música, fazer um post no *feed* do Instagram. Mas, quando somos adultos, essas atitudes são consideradas muitas vezes infantilidade ou perda de tempo.

No entanto, não deveríamos subestimar o valor da brincadeira, pois brincar expande a mente, permite explorar novas ideias ou ver as antigas sob uma nova luz. Além disso, a atividade lúdica nos torna mais questionadores e antenados com as novidades. Eu amo brincar. Me energiza. Melhora meu humor. Desperta a minha criança interior, no melhor sentido da palavra, da leveza, de curtir o momento, da espontaneidade, da criatividade.

Segundo o psiquiatra especializado em ciência cerebral Edward M. Hallowell, "o brincar tem efeito positivo sobre a função executiva do cérebro, que contempla o planejar, priorizar, agendar, prever, delegar, decidir, analisar – em resumo, a maioria das habilidades que todo executivo precisa dominar para se destacar na carreira".[22]

Por fim, mas não menos importante, brincar nos liberta do tédio. É um antídoto para o estresse. Isso é fundamental, porque o estresse, além de ser um inimigo da produtividade, pode desligar as partes criativas e questionadoras do cérebro. Você certamente já passou por isso no trabalho. Ao ficar muito estressados, paramos de funcionar.

> **RÁPIDA REFLEXÃO**
>
> Já parou para pensar que, muitas vezes, os momentos nos quais você se sentiu mais vivo e que lhe renderam as melhores lembranças foram os momentos mais lúdicos?

E3: ELIMINAR

> **"A sabedoria da vida consiste em eliminar o que não é essencial."**
>
> LIN YUTANG[23]

Eliminar tem a ver com a coragem de decidir, de escolher, de dizer não.

Confesso que tenho um carinho especial pelo E3, pois, por muito tempo, essa foi uma das minhas maiores dificuldades. E aqui divido um capítulo importante da minha vida para exemplificar. Sempre tive muita dificuldade em tomar decisões, fazer renúncias, falar não sem hesitação. Talvez um pouco influenciada pelo meu signo de Libra, será? Bem, aqui deixo para os especialistas em horóscopo e astrologia.

Eliminar o que não é essencial significa saber dizer não a alguém (mesmo que esse alguém seja você), indo inclusive muitas vezes contra as expectativas sociais. Para fazer isso com maestria, é preciso ter

Eliminar tem a ver com a coragem de decidir, de escolher, de dizer não.

@DAFSPACE

coragem e delicadeza. É necessário disciplina mental e emocional para não ceder à pressão social.

Nesta seção, vou dividir com você algumas técnicas que aprendi e que o ajudarão a eliminar aquilo que não importa, mantendo o foco no essencial, naquilo que precisa ser feito com a sua máxima atenção e da melhor maneira possível. Vamos construir a ponte para que, na última fase do método dos 3Es, você não tenha que fazer esforço algum!

Partiu escolher?

O INCRÍVEL PODER DA ESCOLHA

> **"É a capacidade de escolher que nos torna humanos."**
> MADELEINE L'ENGLE[24]

Todos nós já tivemos a tal da crise existencial em algum momento da vida. Sabe aquela imagem da encruzilhada? Aquele momento em que temos de fazer uma escolha importante na vida. Eu tive vários momentos como esse e certamente terei mais. Isso faz parte da existência. Isso é vida. E que bom.

Quando pensamos em escolhas, em última análise, estamos falando sobre tomar decisões. A raiz latina da palavra decisão – *cis* – significa "cortar" ou "matar".[25] A partir dessa definição, creio que fica mais claro compreender nossa dificuldade em decidir, que tem se tornado mais complexa em um mundo com abundância de opções.

Começo aqui lembrando a minha primeira encruzilhada. Seguir a carreira universitária e entrar no mercado de trabalho ou tentar a carreira de tenista como profissional? Entendi a duras penas que falar sim para uma das opções significava renunciar (pelo menos naquele momento) a outra.

Embora possa não parecer uma decisão tão difícil, ela implicou algumas renúncias importantes. Não me formar na idade esperada pela sociedade, não ganhar dinheiro e, consequentemente, um sentimento de estar perdendo algo e/ou me atrasando. O que fui entender apenas anos mais tarde, já atuando no mercado corporativo, é que, na verdade, eu estava me adiantando. Aqueles anos foram fundamentais para o aprimoramento das minhas Power Skills, como a disciplina, o foco e a resiliência. Sem elas, eu não teria aprendido ou teria levado muito mais tempo para aprender.

Essa escolha teve um enorme impacto na minha trajetória. Além de ter me definido como pessoa, me ensinou como proceder em momentos de escolhas importantes da vida. Essa passagem me levou à compreensão libertadora de que, embora não tenhamos controle sobre todas as variáveis e opções na vida, sempre temos controle sobre nossas escolhas. Precisamos nos conscientizar dessa nossa capacidade e do poder de escolha. Não chame de destino a consequência das suas próprias escolhas.

Quando tudo é importante, nada é importante. E aqui divido uma reflexão-chave para quando você se deparar com uma escolha importante. Eu sempre recorro a ela quando me encontro em um momento de prioridades conflitantes.

> ## RÁPIDA REFLEXÃO
> Se você pudesse fazer uma única coisa na sua vida agora, o que seria?

Uma das minhas frases preferidas sobre esse tema é a do professor e teórico de negócios Michael Porter: "Estratégia é fazer escolhas. É abrir mão. É escolher deliberadamente ser diferente".[26] Para mim, ser diferente é ser você mesmo. Simples (ou nem tanto) assim. Ser diferente é ser autêntico, proteger sua essência, não se preocupar em atender às expectativas da sociedade, dos amigos ou da família, escutar seu coração. Essa é nossa melhor escolha.

COMO FALAR "NÃO" DE MANEIRA ELEGANTE

> **"A diferença entre pessoas de sucesso e pessoas de muito sucesso é que as pessoas de muito sucesso dizem 'não' a quase tudo."**
> WARREN BUFFETT[27]

FOCO: MENOS É MAIS • 83

É difícil dizer não. Lidei muito tempo com essa dificuldade e, de vez em quando, ainda dou uma resvalada. É um sentimento comum, e muitas pessoas têm esse mesmo desconforto: um sentimento de culpa, medo de decepcionar ou até mesmo de sofrer rejeição. No entanto, entendi que dizer sim, quando deveria dizer não, resultava em distração, esgotamento e frustração por não conseguir realizar o que realmente me importava.[28]

O que significa dizer sim quando deveríamos dizer não?

> Alguém controla sua agenda;
> As urgências atuais substituem as prioridades;
> Você não tem ou não sabe quais são as suas prioridades;
> A qualidade do trabalho diminui. Ou você faz poucas coisas muito bem ou não faz nada muito bem.

PARA REFLETIR
> Quantas vezes você já se arrependeu de ter se comprometido a fazer algo sem entender por que aceitou?
> Quantas vezes você já disse sim apenas para agradar ou evitar problemas?
> Quantas vezes disse sim simplesmente porque essa virou sua resposta padrão?

Caso você se identifique com algumas dessas situações, as RECs abaixo são técnicas essenciais na sua vida. Você vai aprender a dizer "não" de maneira elegante e com um resultado incrível. Além de melhorar o foco e o domínio das suas prioridades, você ganhará o respeito das pessoas ao redor ao mostrar que seu tempo é valioso.

REC1. SEJA BREVE

Como diz a autora Anne Lamott: "'Não' é uma frase completa".[29] Com apenas uma ou poucas palavras, você pode dizer não com gratidão. "Não, obrigada. Agradeço por pensar em mim, mas tenho outro compromisso."

REC2. UM NÃO CLARO PODE SER MAIS GENTIL DO QUE UM SIM VAGO E SEM COMPROMISSO

Passar uma mensagem clara e verdadeira é sempre melhor do que dar falsas esperanças com respostas evasivas.

REC3. TROQUE POPULARIDADE POR RESPEITO

Quando mostramos nossa recusa com clareza e assertividade, ganhamos respeito. Mostramos aos outros que nosso tempo é valioso.

REC4. TRANSFORME FOMO EM JOMO (JOY OF MISSING OUT/PRAZER EM PERDER ALGO)

Em vez de sentir que está perdendo algo, tenha prazer e esteja 100% presente nos compromissos que assumiu. Ao recusar um convite, esteja feliz por ter tomado a decisão, em vez de sofrer por aquilo que perdeu.

REC5. CRIE O HÁBITO E A MEMÓRIA MUSCULAR DE DIZER NÃO

Quanto mais você disser não em situações casuais e de baixa pressão, mais fácil será responder em situações mais sérias.

REC6. SUGIRA ALTERNATIVAS

Em vez de falar não, sugira outra data ou delegue para outra pessoa que seja capacitada e tenha disponibilidade. Isso permite que o outro entenda que você tem interesse em fazer o que ele deseja, mas que, nesse momento, não se encaixa em seu cronograma.

REC7. NÃO TOME UMA DECISÃO SEM PENSAR

Com muita frequência, respondemos sim instintivamente, pelo simples fato de ser uma resposta padrão. Deixe o outro saber que você precisa de tempo para pensar e que você entrará em contato assim que tiver uma resposta. Isso lhe dá espaço físico e emocional para dizer sim ou não mais tarde, em seus próprios termos, após rever suas prioridades com tranquilidade.

FOCO: MENOS É MAIS • **85**

Aprender a dizer não é uma habilidade, e toda habilidade é adquirida por meio de conhecimento, repetição e disciplina. Dizer não é fortalecedor. Reforça nossa identidade. Apenas quando nos permitimos parar de fazer tudo e deixamos de dizer sim a todos, conseguimos fazer o que realmente importa e atingir nossa potência máxima.

Tudo muda quando nos permitimos ter mais foco. No mesmo instante, obtemos a chave que abre o próximo nível de conquistas na vida. Sentimos um poder invencível quando percebemos que conseguimos atingir nossos objetivos e sonhos.

Sei que não é fácil colocar tudo isso em prática do dia para a noite. No entanto, convido você a pausar para a última reflexão deste capítulo, sobre a brevidade da vida e o que queremos realizar no pouco tempo que temos.

EM AÇÃO: LISTE E FAÇA TRÊS COISAS QUE SÃO A PRIORIDADE DO DIA – TODOS OS DIAS (EA2).

> O seu tempo é limitado. A atenção, a sua moeda mais valiosa. O seu futuro é hoje. O que você planeja fazer agora?

Meu desafio é que você se comprometa a criar espaço para fazer aquilo que é essencial no seu dia, aquilo que verdadeiramente importa. Liste apenas três prioridades no seu dia (todos os dias). Faça acontecer.

Ouse fazer diferente a partir de agora. Por você e para você! Observe quando você "não tem tempo" para algo. Você sempre tem tempo – só que o gasta em outras coisas.

Eliminar tem a ver com a coragem de decidir, de escolher, de dizer não.

04
COMUNICAÇÃO, A HABILIDADE IMPRESCINDÍVEL

Etimologia latina: *communicatĭo, ōnis*, "ação de comunicar, de partilhar."

Repare que a palavra "comunicação" tem na sua estrutura a junção de comum + ação. Isso significa que todo o esforço de quem se comunica é buscar algo em comum com o interlocutor, para provocar no receptor um efeito, um impacto e uma resposta. É por meio do ato de se comunicar que os seres humanos podem expressar sentimentos, pensamentos e obter respostas, ou seja, se relacionar com o meio em que vivem.

Você já notou que as pessoas com quem você se comunica melhor são aquelas cujos valores, crenças, vontades e interesses são comuns a você? Você se comunica bem com elas porque é a partir das afinidades que são estabelecidas as pontes de troca e contato. O contrário também é verdadeiro: imagine pessoas com quem você tem dificuldade de relacionamento/comunicação. Os pontos de vista delas são similares ou opostos aos seus? Por que acontecem conflitos entre casais, sócios e colegas de trabalho?

Em suma, a comunicação é o processo de transferência de informação entre uma pessoa que quer dizer algo (emissor) e a outra que está ouvindo (receptor). Parece simples, mas não é. Todo mundo fala, mas poucos se comunicam. Já aconteceu de você discordar de alguém e depois perceber que estavam falando a mesma coisa?

O desafio está na comunicação eficiente, em garantir que o receptor entenda com clareza, sem ruídos e desentendimentos. Essa competência envolve a utilização de linguagem verbal, não verbal, escrita e visual, além de saber escutar. Ou seja, não tem nada de simples. Mas não se preocupe, a comunicação é uma habilidade treinável, e você vai aprender de maneira prática as técnicas para cada tipo de comunicação.

> ### RÁPIDA REFLEXÃO (RR5)
> Você acha que seus relacionamentos seriam mais saudáveis se você dominasse as técnicas de comunicação?

Aprender a se comunicar de maneira eficiente transformará a sua vida.

"Quem não se comunica, se trumbica", já dizia o saudoso Chacrinha, o Velho Guerreiro, uma das maiores figuras e comunicadores da televisão brasileira.

Vivemos em plena era da informação, da comunicação. Acelerada. Globalizada. Nunca estivemos tão conectados (e desconectados) de todas as formas e em diferentes plataformas (smartphone, computador, aplicativos, e-mail, mídias sociais). Nos últimos anos, surgiram profissões que sequer existiam, cuja essência e habilidade principal é a comunicação – youtubers, tiktokers e influenciadores digitais.

O fato é que, embora algumas carreiras e profissões tenham uma relação direta com a habilidade de comunicação, ela é necessária e imprescindível para todo profissional e em qualquer relação interpessoal. O lendário empresário Warren Buffett disse certa vez a estudantes de MBA que a comunicação é a habilidade que ele gostaria de ter desenvolvido quando estava na faculdade, pois ela aumenta o valor que você traz para a empresa.[1]

Uma carreira bem-sucedida é resultado de vários fatores, no entanto a habilidade de comunicação é uma das mais cruciais. Ela foi um fator determinante na minha carreira profissional e nas relações que desenvolvi ao longo da minha trajetória. É por meio da comunicação que transmitimos aos outros nossos valores, nossas crenças, nosso propósito e todo o conhecimento que temos.

Conforme um estudo da *Harvard Business Review*, mencionado no livro *Todos se comunicam, poucos se conectam*, de John Maxwell, "O critério número um para avanço na carreira é a habilidade de se comunicar de forma eficaz".[2]

COMUNICAÇÃO, A HABILIDADE IMPRESCINDÍVEL • 89

<u>A habilidade de se comunicar com os outros é um fator crucial que determina o seu potencial.</u>

Vamos a alguns exemplos práticos. Na disputa pelas melhores vagas de trabalho, um bom currículo pode ajudá-lo a entrar no processo seletivo, no entanto é a sua capacidade de comunicar seus conhecimentos e sua experiência adquirida que fazem a diferença. O mesmo vale para uma promoção: não basta trazer os resultados ou trabalhar arduamente, é preciso saber mostrar e comunicar para as pessoas-chave no momento certo.

Se você ainda não está convencido, segue uma lista de situações que reforçam a importância da comunicação como uma das competências determinantes da sua vida: apresentação em público, motivação de equipe, liderança, relacionamento, entrevista, negociação, reuniões de negócios, contato com clientes e networking.

PARA REFLETIR
> Você já se sentiu frustrado por não saber como pedir ao chefe um aumento de salário?
> Já sentiu dificuldade de apresentar uma ideia por não conseguir se fazer entender?
> Teve a sensação de que sabe/sabia mais do que alguém no trabalho, no entanto não tem/teve a mesma oportunidade de crescimento?

Caso você tenha respondido sim a uma ou mais dessas perguntas, não se preocupe. Chegou a hora de virar o jogo e tornar a sua comunicação mais eficiente; ela é a sua mais nova aliada para atingir objetivos e a máxima potência.

Vamos nessa?

MÉTODOS DE COMUNICAÇÃO

Comunicar seus pensamentos de maneira eficaz é uma habilidade vital e não deve ser negligenciada. Se prestarmos atenção, tudo

90 • POWER SKILLS

a todo momento nos comunica algo. A transferência de informação se dá por meio de diferentes formas, visto que todas as nossas ações, gestos, palavras e movimentos significam algum tipo de comunicação. Em alguns momentos, ocorrem de modo concomitante, tornando tudo ainda mais complexo.

Os quatro tipos de comunicação existentes:

> Verbal: a sua voz, a sua fala, a sua escuta;
> Não verbal: linguagem corporal, contato visual, gesticulações;
> Escrita: e-mail, mensagem, texto;
> Visual: imagens, gráficos, mapas, infográficos.

Em um mundo frenético de compartilhamento de informações, a comunicação é tida como um dos grandes motivos de desentendimento entre as pessoas. A habilidade de compreender o uso dessas quatro categorias é fundamental para se fazer entender e ser compreendido de maneira rápida e precisa.

COMUNICAÇÃO VERBAL

Forma mais comum, a comunicação verbal é importante porque é instantânea. Frequentemente, fazemos uso desse tipo de comunicação durante reuniões, apresentações ou enquanto conversamos com alguém. Veja a seguir, algumas técnicas para melhorar a sua comunicação verbal:

> **Demonstre confiança, prepare-se com antecedência.** Sua voz entrega seu nível de confiança. Esse é um elemento-chave para transmitir credibilidade, garantindo a atenção e o respeito da audiência. Pode parecer básico, mas não é. Transmita as suas ideias de maneira clara; para isso, certifique-se de usar um tom de voz forte e firme e tenha domínio do tema sobre o qual está falando. Estude, treine e se prepare com antecedência.

COMUNICAÇÃO, A HABILIDADE IMPRESCINDÍVEL • **91**

> **Evite o uso de marcadores discursivos.** Marcadores de discurso são sons ou palavras utilizadas para preencher uma pausa durante uma conversa. Enquanto fala, a repetição excessiva de marcadores discursivos pode cansar a audiência ou confundi-la, desviando sua atenção. Palavras comuns a serem evitadas: "ok", "hum", "né".

> **A velocidade da sua fala *fala*!** A pausa é um elemento estratégico da fala. Pode ser em um momento que você queira chamar a atenção da audiência. Jobs é referência nesse quesito e usava essa técnica em suas apresentações. A pausa também pode ser um recurso para se lembrar de algo ou engajar a audiência. Tenha cuidado com a velocidade da sua fala e entenda quem é o seu público, assim você poderá se adequar a um ritmo que facilite o entendimento.

> **Escute, mas escute ativamente.** Para ser um bom orador, é essencial saber escutar. Escutar ativamente é fazer um esforço consciente para compreender o que outro está dizendo, sem julgamentos, mesmo que tenha um ponto de vista diferente. Vou detalhar mais esse importante tópico no capítulo sobre empatia. Está imperdível!

COMUNICAÇÃO NÃO VERBAL

Gestos, expressões faciais e linguagem corporal. Em muitos casos, podemos (e devemos) combinar linguagem corporal e comunicação verbal para potencializar a mensagem que queremos transmitir. No entanto, algumas vezes não percebemos que nossos movimentos podem impactar negativamente a maneira de nos comunicar. Use a tecnologia a seu favor, grave a sua apresentação e veja o que pode melhorar.

> **Seu corpo fala.** Quando demonstramos uma certa emoção, ela tem uma repercussão física que pode ser positiva ou negativa. Por exemplo, quando você estiver nervoso, preste

atenção aos sinais do seu corpo: o ombro pode estar mais curvado; as bochechas ou o colo podem estar avermelhados; pode haver marcas de suor na camisa, demonstrando tensão e desconforto. É importante estar atento a esses efeitos físicos das emoções, e tentar controlá-los ou evitá-los. Lembre-se, tudo é treino e prática!

> **Potencialize a fala com gestos.** Para que as suas mensagens não verbais sejam eficazes, é importante que elas correspondam à sua fala. Se você diz que está confiante de que o negócio será um sucesso enquanto encolhe os ombros, o gesto pode passar insegurança. No entanto, se você disser a mesma frase enquanto coloca as mãos sobre a mesa, consegue passar mais confiança.

COMUNICAÇÃO ESCRITA

Você já recebeu aqueles e-mails longos e confusos que não consegue entender ou que dá preguiça de ler? Em muitos casos, desistimos da leitura. O fato é que ninguém quer perder seu precioso tempo lendo e-mails mal escritos, relatórios confusos ou mensagens complicadas demais.

A seguir, algumas técnicas para mensagens eficazes e atraentes.

> **Planeje antes de escrever.** Estruture a mensagem que será escrita. Pense no objetivo final da sua mensagem, o que você quer dizer. Você pode usar a ferramenta do triângulo retórico, criada por Aristóteles, que leva em consideração três estratégias persuasivas: 1) Logos, o uso de lógica, fatos ou verdade; 2) Pathos, o apelo às emoções da audiência; e 3) Ethos, o caráter, a credibilidade e a autoridade do orador ou escritor.

> **Seja claro e conciso.** Siga a regra de ouro: quanto mais simples, melhor. Escreva apenas a informação necessária, nem mais, nem menos. Produza um texto sem rodeios ou mensagens

ambíguas. Evite bombardear os leitores com informações irrelevantes, pois isso confunde e desvia a atenção. Escreva um texto que não gere dúvidas.

> **Revise sempre.** Reserve um tempo para a revisão. Manter esse hábito ajuda a identificar possíveis erros ortográficos, gramaticais, adequação de tom, coerência de texto e omissão ou repetição de ideias. Tenha cuidado especial com a linguagem. Evite termos complexos, clichês e expressões comuns.

COMUNICAÇÃO VISUAL

A comunicação visual pode auxiliar na transmissão de mensagens de uma maneira mais potente ou ser usada para explicar informações mais complexas. Ela é composta por imagens, gráficos e símbolos. O uso combinado da comunicação visual e verbal pode ser extremamente eficaz. A seguir, algumas técnicas de como e quando usá-la.

> **Uma imagem vale mais do que mil palavras.** A imagem deve ser usada para ajudar a transmitir a mensagem, reforçar ou chamar a atenção para um ponto específico. Use-a de maneira que não precise perder tempo explicando a função dela no texto.

> **Invista no storytelling visual.**[3] Storytelling visual é a estratégia de contar histórias por meio de imagens. No marketing, o storytelling é uma estratégia relevante para engajar a audiência e criar conexão emocional, além de maior lembrança da sua apresentação.

> **Entenda o poder da semiótica e das cores.** Desenvolver uma comunicação visual eficiente requer conhecimento sobre semiótica, psicologia das cores, entre outras teorias da imagem. As cores carregam significados e provocam sensações. Com esse conhecimento, você pode fazer escolhas mais conscientes para transmitir o que você ou sua marca desejam.

Todo mundo fala,
mas poucos se
comunicam.

@DAFSPACE

Sem dúvida, os quatro tipos de comunicação são importantes para se fazer entender, criando impacto e melhor conexão. O ideal é que eles coexistam de maneira harmônica, de acordo com a sua audiência. Em outras palavras, é preciso cuidar muito bem do modo como você escreve, fala e se comporta.

Agora que você aprendeu sobre os diferentes métodos de comunicação e como aprimorá-los para ter uma comunicação eficaz, é importante compreender seu estilo de comunicação e identificar o dos seus interlocutores.

ESTILOS DE COMUNICAÇÃO

Mark Murphy, autor de vários best-sellers e CEO da empresa de consultoria e pesquisa Leadership IQ,[4] passou décadas pesquisando a comunicação interpessoal. Seus estudos revelam quatro estilos fundamentais de comunicadores, os quais variam de acordo com as suas preferências para se expressar.

> **Comunicador analítico.** Aprecia dados e números. Não gosta de linguagem vaga e tende a desconfiar quando não tem dados suficientes. Vantagem: analisa as questões de maneira lógica e desapaixonada, passando mais credibilidade. Desvantagem: pode ser visto como uma pessoa fria ou insensível.

> **Comunicador intuitivo.** Evita se prender a detalhes. Procura uma visão ampla e não se atém a uma ordem linear perfeita. Vantagem: comunicação rápida e direta ao ponto. Não precisa de muitos detalhes para tomar decisões. Desvantagem: pouca paciência em situações que exigem detalhes, podendo perder algum ponto importante.

> **Comunicador funcional.** Gosta de processos, cronogramas e planos bem detalhados para que nada seja perdido. Vantagem: sua comunicação geralmente aborda todos os detalhes, sem

perder nenhuma informação. Desvantagem: pode perder a atenção do público por causa do excesso de informação desnecessária.

> **Comunicador pessoal.** Valoriza a linguagem emocional e conexão. Bom ouvinte, suaviza os conflitos, busca avaliar não apenas como as pessoas pensam, mas também como elas se sentem sobre os assuntos. Vantagem: sua comunicação cria relacionamentos pessoais profundos e duradouros. Desvantagem: pode ser visto como muito sensível ou superficial.

De acordo com Murphy, entender quem é você nesse espectro ajuda a desenvolver uma comunicação mais eficaz. Não se trata de perder a sua autenticidade, mas sim de ajustar a sua mensagem quando necessário para que ela seja compreendida integralmente e da melhor forma possível.

> ### RÁPIDA REFLEXÃO
> Qual o seu estilo de comunicação? Como você pode se beneficiar dos pontos favoráveis e mitigar os pontos desfavoráveis?

IMPACTOS DE UMA COMUNICAÇÃO INEFICAZ NAS ORGANIZAÇÕES

Uma pesquisa realizada pela revista *The Economist* revelou que a falha na comunicação é a principal responsável por problemas de produtividade e saúde em uma empresa. De acordo com o estudo, 52% dos profissionais relatam que dificuldades de comunicação geram conflitos e retrabalhos.[5]

Quando a comunicação falha, a equipe não sabe como definir prioridades, diminuindo assim o engajamento e a satisfação. Junta-se a isso outros impactos que podem ameaçar o negócio e a produtividade da equipe:

> Baixo nível de confiança e comprometimento;
> Redução da lucratividade e desperdício de recursos;
> Incapacidade de se mover rapidamente/oportunidades perdidas;
> Redução da fidelização de clientes.

BENEFÍCIOS DE UMA COMUNICAÇÃO EFICIENTE NAS ORGANIZAÇÕES

Por outro lado, manter o diálogo e a **transparência** com os funcionários traz muitos benefícios para a organização, como maior envolvimento das equipes, diminuição de falhas e de duplicidade de tarefas, além de aspectos subjetivos, como fortalecimento da cultura organizacional e motivação dos colaboradores em épocas de crise. Soma-se a isso:

> Sentimento de pertencimento, engajamento, motivação e nível de confiança;
> Informação rápida e precisa, agilidade na tomada de decisões;
> Alinhamento da visão, estratégia e prioridades;
> Maximização de recursos e de tempo;
> Troca de conhecimento e melhores práticas entre áreas;
> Potencialização de resultados positivos.

Uma comunicação eficiente colabora para a desconstrução de um ambiente agressivo e estressante.

Agora que entendemos os impactos da comunicação nas organizações, chegou o momento de os nossos queridos RECs entrarem em ação e ajudá-lo a aprimorar sua habilidade na prática. Embora, à primeira vista, essas técnicas possam parecer óbvias demais e até mesmo despertar em você a sensação de que já as conhece, não as negligencie.

Fica aqui o convite para fazer uma reflexão mais profunda e entender se você realmente aplica essa habilidade de maneira eficaz no seu dia a dia.

COMUNICAÇÃO EM SITUAÇÕES DO DIA A DIA

REC1: PRATIQUE A ESCUTA ATIVA

Você escuta para responder ou para compreender? Comunicação é conexão! Ao se comunicar, é importante prestar atenção ao outro tanto quanto em si. Muitos conflitos são evitados com o simples hábito de julgar menos e perguntar mais. Valorize a opinião dos outros, independentemente do nível hierárquico ou grau de conhecimento.

REC2: SAIBA PERGUNTAR

Interagir com perguntas demonstra que você está interessado e prestando atenção. Seja curioso e esteja disposto a entender a necessidade do outro. Vamos nos aprofundar nesse tema no Capítulo 8: Pensamento crítico, saindo do piloto automático.

REC3: NÃO SUPONHA QUE VOCÊ ENTENDEU, VERIFIQUE

Uma boa técnica é dizer: "Eu entendi que você me pediu [isso], sugeriu [isso], que é para [isso], está correto?". Dessa maneira, você assegura que a mensagem foi perfeitamente compreendida, evitando conflitos e mal-entendidos.

REC4: TENHA CUIDADO COM AS PALAVRAS E O TOM DE FALA

Ser objetivo e prático não quer dizer ser um trator com fala rápida. Tampouco ser suave e gentil quer dizer não ser assertivo. Escolha bem as palavras e a velocidade da fala. Tenha certeza de que não esteja ferindo a cultura ou os valores de quem está recebendo a mensagem.

REC5: FUJA DE ACHISMOS

Saiba sobre o que está falando. Não tente supor. Leia fontes confiáveis, pesquise e refine seus argumentos antes de falar. E quando não tiver certeza de algo, diga simplesmente: "Não sei, vou verificar e dou um retorno".

COMUNICAÇÃO EM SITUAÇÕES DESAFIADORAS

REC1: ATENÇÃO AO QUE NÃO É DITO

A comunicação não é feita apenas de palavras; gestos, expressões e mesmo o silêncio revelam grandes mensagens. É importante treinar o olhar e a percepção para captar esses sutis sinais que podem demonstrar irritação, cansaço, calma, entre outros sentimentos.

REC2: ENCARE AS CONVERSAS DIFÍCEIS

Pior do que iniciar uma conversa difícil é lidar com as consequências de adiá-la. Isso vale para líderes e liderados. Com bom senso e gentileza, diga o que precisa ser dito. Isso propicia a confiança entre as partes. Principalmente dentro de uma organização, a comunicação escassa e a desinformação tendem a fomentar fofoca e conflitos.

REC3: PARA ASSUNTOS DELICADOS, FALE PESSOALMENTE

Mensagens de texto facilitam a comunicação, mas, dependendo da maneira como a mensagem foi escrita ou do estado de espírito de quem a recebe, a interpretação pode causar ruídos e desgaste na relação. Se o assunto for delicado ou complexo, prefira falar pessoalmente e em tempo real.

REC4: SOLUCIONE CONFLITOS, EM VEZ DE CRIÁ-LOS

Um dos grandes benefícios da comunicação eficaz é solucionar problemas. Portanto, em situações de conflito, busque uma alternativa em que todos estejam confortáveis. A desejada solução "ganha-ganha".

Um dos maiores desafios da comunicação é ouvir, e não escutar. Não ouvimos para entender, ouvimos para responder.

COMUNICAÇÃO EFICAZ NO TRABALHO REMOTO

Comunicar-se bem é ainda mais crucial no modelo híbrido de trabalho, pois ajuda a construir confiança e conexão com a equipe. É fácil sair de sintonia quando o time trabalha sem conexão pessoal.

REC1: FOCO NA QUALIDADE, E NÃO NA QUANTIDADE

Faça reuniões mais curtas e objetivas. Declare o intuito da reunião com envio da pauta e relatórios de leitura antecipado para garantir conversas produtivas. Ao final, faça um resumo dos principais pontos discutidos, das decisões tomadas, incluindo datas para resolução das pendências e os responsáveis por elas.

REC2: ENGAJE/ENVOLVA O TIME

Faça reuniões dinâmicas em que todos tenham clareza de seu papel. Lembre-se de que o tempo de todos é valioso. Faça perguntas para incentivar a participação e troca entre o time. Por exemplo, solicite aos participantes o envio de perguntas antes do início da reunião ou faça enquetes pelo chat em tempo real.

REC3: MOSTRE CUIDADO (GENUINAMENTE)

Agora, mais do que nunca, é preciso estar atento e cuidar do time (bem-estar físico e psicológico). Verifique como estão todos antes de iniciar a reunião. Permita e estimule o bate-papo informal, tenha um espaço na agenda para propiciar essa interação do time de maneira mais leve, natural e pessoal.

EM AÇÃO: A PRÁTICA LEVA À PERFEIÇÃO (EA3)

> Elabore uma lista das pessoas com quem você tem mais afinidade.
>
> Reflita: por que você tem facilidade para se comunicar com elas?
>
> Faça o mesmo com quem você tem divergências. O que pode melhorar?

Comece a se comunicar melhor hoje! Lembre-se de que a comunicação encabeça a lista de habilidades imprescindíveis para um bom profissional, pois é o que torna nossas relações profissionais e pessoais bem-sucedidas! É por meio dela que catalisamos mudanças, impactamos pessoas e negócios.

Mas vá com calma. Conscientize-se de que sua curva de aprendizado terá altos e baixos. Fica aqui o desafio para você implementar algumas das técnicas aprendidas na sua próxima conexão. Você vai se surpreender com os resultados!

E agora você está mais do que preparado para o próximo capítulo, pois a comunicação é um dos elementos-chave para uma colaboração eficaz. Vamos lá!

05
COLABORAÇÃO, O SEGREDO DA MULTIPLICAÇÃO

Etimologia latina: *colaborare*, "ajudar, trabalhar junto"[1]

"Se quer ir rápido, vá sozinho. Se quer ir longe, vá acompanhado." (provérbio africano) Esse é um dos meus provérbios favoritos. Mais do que isso, é meu mantra. Eu me lembro de que o li pela primeira vez há uns vinte anos, no entanto ecoou fortemente em mim quando vi uma apresentação da vice-presidente global de Categoria da Nike, falando sobre o plano de estratégia para a Nike Women. Na época, havia menos de uma semana que eu ocupava a cadeira de general manager de Nike Women no Brasil. Eu tinha o desafio de planejar a estratégia para as Olimpíadas de 2016 junto com meu time de Marketing, Vendas e Merchandising. Um trabalho em que deveríamos colaborar com as demais áreas funcionais, como Finanças, Operações, Jurídica, e em alinhamento com os times da Geografia (Ásia, Pacífico e América Latina) e Global.

Womens era uma nova ofensiva da Nike, e não uma categoria. Ou seja, tínhamos que atender a todas as categorias (Running, Sportswear, Skateboarding, Training etc.) para todas as unidades de negócios (calçados, vestuário e equipamentos). Uma complexidade de produtos, lançamento de coleções, entendimento da consumidora, estratégia digital e por aí vai.

Naquele momento, ninguém sabia como operar nessa nova ofensiva, cem por cento interdependente, que não tinha um playbook com a clareza das responsabilidades e métricas. Foi quando Mark Parker, CEO na época, declarou para Wall Street que o business da Nike Women dobraria de tamanho e seria o foco da empresa, saindo de 6 bilhões para 11 bilhões de dólares.

O que isso significa? Pressão e colaboração na veia. Logo adiante, contarei um pouco mais sobre essa incrível experiência. Agora, quero voltar ao provérbio do início, que define com precisão o significado de colaboração.

Esse sábio provérbio africano faz alusão à forma como os gansos se organizam durante a migração. Essas aves dão uma aula de trabalho em equipe, pois perceberam que sozinhas são mais fracas e não conseguem chegar tão longe como chegam quando estão em grupo. Como esse fenômeno acontece?

Quando os gansos estão voando, formam um "V" no céu, tornando mais fácil o trabalho de bater asas e mais fraca a resistência do vento. Quando o líder fica muito cansado, eles se revezam para que todos fiquem bem. Ao perceberem que alguns membros do bando estão desanimados, todos os demais começam a grasnar, como forma de incentivo. E, quando um membro do bando está ferido e precisa se separar do grupo, nunca é deixado só, sempre terá a companhia de um ou dois gansos que o protegerão até que esteja recuperado.

Em linhas gerais, pode-se dizer que os gansos nos ensinam a trabalhar em comunidade dividindo as tarefas para alcançar objetivos comuns. Nos mostram a importância de ter confiança no time, sensibilidade e disposição para perceber momentos de fraqueza dos que estão junto de nós. Fazendo-se presente e ajudando quando preciso, seja encorajando ou apenas ficando por perto, como forma de apoio.

É nisso que vamos nos aprofundar agora. Sempre que pensar em Colaboração, não se esqueça dos gansos e da imagem lúdica do V das asas deles, o V da Vitória, o V de ir mais longe quando está acompanhado.

COLABORAR OU COOPERAR?

Há muita confusão no uso dos termos colaboração e cooperação. A começar pela definição nos dicionários, que apresentam as palavras como intercambiáveis. É comum a utilização delas como sinônimos, porém seus significados são distintos.

RÁPIDA REFLEXÃO

Você sabe qual é a diferença entre colaboração e cooperação? E quando se deve usar um termo ou o outro?

Pode parecer bobagem ou excesso de preciosismo, pois a diferença é sutil, no entanto, em termos práticos e de trabalho, as diferenças criam ruídos na comunicação. Lynn Power expressou com precisão cirúrgica essa mesma inquietação no seguinte trecho de seu artigo "Collaboration vs Cooperation. There is a Difference": "[...] embora muitas pessoas falem muito sobre colaboração, a maioria está apenas cooperando".[2]

Uma premissa básica é que, ao cooperar, você ajuda outras pessoas a alcançarem seus objetivos, os quais podem ser parte de um objetivo comum. Ao colaborar, trabalhamos juntos por um objetivo compartilhado desde o início.

A cooperação pode significar apenas que você me ajudou em algo em que estou trabalhando e pelo qual sou responsável. Por outro lado, a colaboração implica propriedade compartilhada e interesse em um resultado específico.

Na tabela comparativa a seguir,[3] fica mais fácil entender a distinção entre os dois conceitos.

COOPERAÇÃO	COLABORAÇÃO
Respeito mútuo	Confiança mútua
Compartilhar de ideias	Geração de novas ideias
Projetos de curto prazo	Projetos de longo prazo
Independência entre os membros	Interdependência entre os membros
Transparência	Vulnerabilidade
Engajamento	Empoderamento

Fonte: SPENCER, 2016.

O PODER DA COLABORAÇÃO, DA DIVERSIDADE E DA INCLUSÃO

"O todo é maior que a soma de todas as suas partes."[4] A célebre frase atribuída a Aristóteles há mais de 2.500 anos traduz o conceito do poder da colaboração e sinergia de uma equipe. À primeira vista, é difícil explicá-la do ponto de vista aritmético, pois é uma verdade absoluta: a soma de dois mais dois é igual a quatro. Ocorre que, em outras áreas do conhecimento, essa frase é adequada.

Usemos como exemplo uma floresta (o todo), que é muito mais do que um conjunto de árvores ou de espécies vegetais (as partes). O mesmo ocorre com a equipe de trabalho. A ideia que cada pessoa cria aciona uma nova ideia, até chegar a uma solução mais completa e melhor do que se tivesse sido criada sozinha. Nos times de futebol, muitas vezes uma equipe não tem os melhores jogadores individualmente falando; mas, quando somadas, suas forças geram uma formação coletiva muito melhor.

Os estudos reforçam a importância do trabalho em colaboração. Uma pesquisa da Queens University revelou que 75% dos funcionários classificaram a colaboração como muito importante, contudo 86% dos entrevistados consideram a falta de colaboração a principal vilã e responsável por falhas no trabalho.[5] Em outras palavras, embora a importância seja compreendida, ela raramente acontece. Parece paradoxal que essa seja uma situação recorrente nas pesquisas de clima organizacional das empresas. Mas, afinal, por que isso ocorre?

Vamos primeiro entender as razões pelas quais a colaboração é importante, e depois nos aprofundar nos desafios e nas melhores técnicas para você aprimorar essa habilidade, que é uma das mais requisitadas nas organizações, além de um diferencial para você se destacar.

COLABORE, SOME, MULTIPLIQUE

Em um mundo mais globalizado, interdependente e veloz, é necessário haver organizações e times mais ágeis, que compartilhem e colaborem visando a um objetivo em comum. Cada vez mais, grande parte do trabalho tem sido baseada em equipe, com o objetivo de melhorar a produtividade, uma vez que há a potencialização de resultados com o conhecimento, a experiência e a habilidade de todos os membros para encontrar a melhor solução.

A colaboração eficaz facilita o brainstorming, com ideias vindas de várias mentes para resolver um problema existente ou acelerar a entrega de um projeto. Um problema que levaria semanas para ser resolvido por um ou dois funcionários pode ser resolvido por uma equipe em poucas horas. Como resultado, a colaboração prova ser mutuamente benéfica, tanto para a organização quanto para seus funcionários.[6]

Lembra que comentei no início deste capítulo sobre a estratégia da Nike Women nas Olimpíadas? As melhores ideias surgiram de sessões de brainstorming com um time cross funcional, ou seja, de funções diferentes e interdependente (vendas, marketing, produto, finanças etc.), de todos os níveis, incluindo boas práticas de outros países, resultando em um plano potente e conectado com a consumidora brasileira para nos tornar a marca número um.

Outro ponto importante refere-se à colaboração entre equipes diversas. A vice-reitora sênior da Columbia Business School, Katherine W. Philips, certa vez afirmou que: "Se você deseja formar equipes ou organizações capazes de inovar, precisa de diversidade. A diversidade aumenta a criatividade. Encoraja a busca de novas informações e perspectivas, levando a uma melhor tomada de decisão e resolução de problemas".[7]

Como bem afirmou o educador estadunidense Robert John Meehan: "O recurso mais valioso que todos nós temos são uns aos outros. Sem colaboração, nosso crescimento fica limitado às nossas próprias perspectivas".[8]

Você pode
(e deve) aprender
a colaborar com
qualquer pessoa.
Ainda que
não seja fácil,
a responsabilidade
é SUA.

@DAFSPACE

A IMPORTÂNCIA DE UMA COLABORAÇÃO EFICAZ

A ESSÊNCIA PARA O SUCESSO DE UMA ORGANIZAÇÃO

A colaboração eficaz é o alicerce do trabalho em equipe. Objetivos comuns definem o papel e o sucesso de uma equipe em uma organização. A interface que torna isso possível é a colaboração entre indivíduos e equipes.

TIMES MAIS ENGAJADOS E COMPROMETIDOS

Trabalhar para o mesmo objetivo instiga o senso de propósito e maior engajamento, extraindo o melhor de sua expertise como indivíduos. Cria-se uma inteligência coletiva. Quando as equipes colaboram, têm a oportunidade de aprender umas com as outras, o que contribui para seu desenvolvimento pessoal e profissional.

IMPULSIONA O CRESCIMENTO E A INOVAÇÃO

A inovação é o motor central de crescimento das grandes organizações. Eu pude vivenciar isso de perto na Nike, na Apple e na Microsoft. A colaboração atua como um multiplicador de forças para ideias inovadoras e como freio e contrapeso para ideias que não podem ser executadas ou que precisam de mais reflexão.

> **"Colaboração é igual inovação."**
> MICHAEL DELL[9]

> **PARA REFLETIR**
> - Você sabe como lidar ou colaborar com alguém no time de quem você não gosta?
> - Já se sentiu inseguro saindo de uma reunião, como se estivesse perdendo espaço?
> - Acha que teria resultados melhores se tivesse uma colaboração mais eficaz no seu time?

PILARES DE UMA COLABORAÇÃO EFICAZ

Não é fácil ter uma colaboração eficaz em uma organização. Muito pelo contrário, é complexo e desafiador. Talvez os departamentos estejam isolados, talvez haja falta de clareza das responsabilidades de cada um ou muitos trabalhando remotamente, e até mesmo excesso de reuniões improdutivas, comprometendo o tempo e a produtividade dos funcionários.

Um estudo publicado na *Harvard Business Review* revelou que "o tempo gasto por gerentes e funcionários em atividades colaborativas aumentou 50% ou mais" nas últimas duas décadas.[10] O mesmo estudo revelou que, em muitas empresas, mais de três quartos do dia são gastos na comunicação com colegas. Com a pandemia, o tempo de reunião aumentou 150% por pessoa, segundo uma pesquisa anual de tendências do trabalho da Microsoft.[11]

O fato é que o mundo de trabalho pós-pandemia mudou. Nesse novo cenário e modelo híbrido de trabalho adotado pela maioria das empresas, a colaboração torna-se mais relevante e crucial.[12] Investir em tecnologia pode parecer a solução mais óbvia, no entanto é importante reforçar que as ferramentas só podem ser eficazes se houver uma estratégia de colaboração. A seguir, algumas práticas e recomendações para criar um ambiente mais colaborativo.

COLABORAÇÃO, O SEGREDO DA MULTIPLICAÇÃO • **111**

> **Reuniões eficientes.** As reuniões são um elemento essencial para a colaboração, mas, ao longo dos anos, elas ganharam má reputação. Afinal, quem nunca esteve em uma reunião que pareceu muito longa ou desnecessária? Faça reuniões somente quando necessário. Certifique-se de que toda reunião (presencial ou virtual) tenha uma pauta definida com objetivos claros e estabelecidos para cada participante.

> **Clareza de responsabilidades.** As pessoas precisam ser inspiradas por um objetivo comum, tendo clareza de responsabilidades individuais e coletivas. Soma-se a isso um ambiente de confiança e segurança para dar e receber feedback construtivo.

> **Liderança pelo exemplo.** Quanto mais você conhecer seus colegas e entender os desafios com os quais estão lidando, maior a chance de colaborar com sucesso, promovendo a colaboração como um dos principais valores da empresa e liderando por exemplo.

> **Plano de recompensas e incentivos.** As empresas devem considerar em seus planos de remuneração bônus e incentivos para as realizações da equipe. A ideia é evitar a competição interna e estimular as equipes em busca do mesmo objetivo.

Por fim, é fundamental realizar o acompanhamento com o time para identificar possíveis gargalos, conflitos e pontos de melhoria. A seguir, divido com você alguns RECs valiosos que me ajudaram muito nesse tipo de situação.

COMO COLABORAR COM ALGUÉM NO TIME DE QUEM VOCÊ NÃO GOSTA?

Todo mundo já teve de se relacionar com alguém com quem não se identifica. Muitas vezes isso ocorre em função de estilos diferentes, não necessariamente pelo fato de a outra pessoa ser difícil ou tóxica. Os RECs a seguir trazem estratégias que certamente o ajudarão quando se encontrar nessa situação:

REC1: REFLITA SOBRE A CAUSA DA TENSÃO

O primeiro passo é a aceitação e reflexão. Entenda qual a causa da tensão e o papel que você desempenha em criá-la. Pode ser que sua reação à situação esteja no centro do problema.

REC2: ENTENDA A PERSPECTIVA DO OUTRO

Poucas pessoas saem da cama com o objetivo de tornar sua vida ou a delas difícil. Tente enxergar o ponto de vista do outro, principalmente quando essa pessoa é essencial no seu trabalho. Reflita: por que essa pessoa age dessa maneira?

REC3: SEJA UM SOLUCIONADOR DE PROBLEMAS

Quando surgirem problemas, não faça julgamentos nem aponte culpados. Concentre sua energia em encontrar soluções com o time. Isso gera confiança e transparência para que todos se sintam à vontade mesmo quando fizerem algo errado. Por exemplo, convide para um café e pergunte: "Não sinto que estamos trabalhando juntos de maneira tão eficaz quanto poderíamos. O que você acha? Você tem alguma sugestão de como podemos trabalhar melhor?".

REC4: SOLICITE AJUDA

Pedir ajuda pode reiniciar e estreitar um relacionamento difícil, porque mostra que você valoriza a inteligência e a experiência do outro, além de se colocar em uma posição vulnerável. "Você está aqui há mais tempo do que eu. Sinto que estou começando a entender as coisas, mas adoraria a sua ajuda. O que eu deveria fazer diferente? O que você gostaria que alguém lhe tivesse dito quando você começou a trabalhar aqui?"

Por fim, a boa notícia é que é possível colaborar de maneira eficaz com pessoas das quais não gostamos. Você pode (e deve) aprender a colaborar com qualquer pessoa. Ainda que não seja fácil, a responsabilidade é SUA.

EM AÇÃO: COLABORAÇÃO NA PRÁTICA (EA4)

> Reflita e faça uma autoavaliação da sua habilidade de colaborar. Identifique uma situação em que esteja com dificuldade no trabalho em equipe.
> Faça uma lista do que precisa melhorar e coloque em prática.

E agora, está pronto para colaborar? Lembre-se: essa é uma habilidade treinável, e apenas a colocando em prática você vai dominá-la e obterá resultados impactantes na sua vida profissional e pessoal.

A colaboração é fundamental na construção de relacionamentos fortes e duradouros. Com o avanço da tecnologia e a adoção do modelo híbrido de trabalho, os profissionais que dominarem essa habilidade não só terão maior destaque no mercado de trabalho como também melhores relações interpessoais!

Portanto, não subestime nem deixe para depois o que você pode fazer agora. Quanto antes colocar em prática o que aprendeu, mais cedo terá os resultados que tanto almeja!

"Se você quer construir um navio, não chame as pessoas para juntar madeira ou atribua-lhes tarefas e trabalho, mas, sim, ensine-as a desejar a infinita imensidão do oceano."
ANTOINE DE SAINT-EXUPÉRY[13]

parte três

INE

06

GARRA: O PODER DA PAIXÃO, DA PERSEVERANÇA E DA ESPERANÇA

" Eu falhei muitas vezes. E foi isso que me levou ao sucesso."
MICHAEL JORDAN[1]

Segundo o dicionário Houaiss, a palavra "garra" significa: "força de vontade, disposição; determinação; grande vigor ou entusiasmo".[2] A minha definição preferida de garra está relacionada a persistir, resistir e não desistir.

De acordo com a psicóloga e autora do livro *Garra*, Angela Duckworth,[3] garra é a combinação de perseverança e paixão por objetivos de longo prazo. Envolve trabalhar duro frente a desafios, mantendo o esforço e o interesse apesar das adversidades. É encarar a vida como uma maratona, permanecendo firme dia após dia por anos. Como se fosse uma forma de autodisciplina que nunca cede, causada por uma característica de personalidade: a persistência extrema.

Ter garra implica disciplina e foco. Não à toa, ambas iniciam o livro, pois são a base para aprimorar todas as outras habilidades. Segundo Angela, a garra é uma habilidade essencial para atingir o que almejamos. Desafia o culto ao talento, sorte e QI (Quociente de Inteligência).

TALENTO NÃO BASTA

Há um certo glamour por quem tem sucesso graças ao próprio talento. O "viés do talento" é um preconceito oculto contra aqueles que alcançam seus objetivos depois de muito esforço e trabalho árduo. Podemos até não assumir abertamente essa preferência, no entanto as pesquisas confirmam que ela está presente nas escolhas que fazemos.[4]

A dura realidade é que preferimos o mistério à trivialidade.[5] "É assim que nossa vaidade, nosso amor-próprio favorece o culto ao gênio, pois só quando é pensado como algo distante de nós, como um milagre, o gênio não fere. [...] Chamar alguém de divino significa dizer: 'aqui não precisamos competir', escreveu Nietzsche".[6]

Em outras palavras, ao mitologizar o talento nato, nos livramos da responsabilidade do esforço, podemos relaxar e aceitar o *statu quo*. É claro que o talento (a rapidez com que aumentamos as nossas habilidades quando nos esforçamos) é importante, no entanto não é o suficiente. A verdade é que "Não existe talento sem treinamento", como afirma o ex-jogador de basquete Oscar Schmidt.[7]

> **RÁPIDA REFLEXÃO**
> Quantas pessoas talentosas você conhece que não necessariamente atingiram o sucesso?

Ter talento não é o mesmo que ter sucesso. Sem esforço, seu talento é um mero potencial não concretizado, é apenas aquilo que você poderia ter feito, mas não fez.

O escritor John Maxwell, autor do livro *Talento não é tudo*, diz que a capacidade pessoal "é algo muitas vezes superestimada e frequentemente mal-entendida". Ele vai além e afirma: "Quando as pessoas realizam grandes coisas, os outros muitas vezes explicam suas realizações atribuindo-as ao talento. Essa é uma maneira equivocada de encarar o sucesso".[8] Não precisamos ser a pessoa mais talentosa do mundo, a mais inteligente, mas precisamos ser a mais comprometida. A mais esforçada e determinada. É o nosso nível de garra que fará a diferença para alcançarmos nossos objetivos.

> **RÁPIDA REFLEXÃO**
> Quais as principais características das pessoas que se destacam na sua área? O que as torna especiais?

Provavelmente, você vai identificar boa parte das respostas abaixo:

> › A paixão que as move é duradoura. Apesar das dificuldades, elas não pensam em desistir.

GARRA: O PODER DA PAIXÃO, DA PERSEVERANÇA E DA ESPERANÇA • **119**

> Elas não se contentam com pouco. Estão sempre em busca da sua melhor versão.
> São modelos de perseverança, obstinadas em atingir objetivos relevantes.

ATÉ ONDE VAI A SUA GARRA?

Uma das grandes contribuições de Angela Duckworth está na criação da Escala de Garra, ao conseguir avaliar uma habilidade que, a princípio, parece intangível.

Na tabela a seguir, apresento um questionário com 10 perguntas. Leia cada frase sem refletir muito sobre elas e circule a opção que lhe pareça mais adequada. Para o cálculo do resultado, some todos os pontos que marcou e divida por 10. A pontuação máxima é 5 (com muita garra); a mais baixa é 1 (sem garra).

Caso prefira, acesse o QR Code para a avaliação on-line (em inglês).

ESCALA DE GARRA	Nada a ver comigo	Não muito a ver comigo	Um pouco a ver comigo	Bastante a ver comigo	Total-mente a ver comigo
1. Novas ideias e novos projetos às vezes me distraem dos anteriores.	5	4	3	2	1
2. Obstáculos não me desestimulam. Eu não desisto com facilidade.	1	2	3	4	5
3. Muitas vezes eu defino um objetivo, mas depois prefiro buscar outro.	5	4	3	2	1
4. Sou um trabalhador esforçado.	1	2	3	4	5
5. Tenho dificuldade para manter o foco em projetos que exigem mais de alguns meses para terminar.	5	4	3	2	1
6. Eu termino tudo o que começo.	1	2	3	4	5
7. Meus interesses mudam de ano para ano.	5	4	3	2	1
8. Sou dedicado. Nunca desisto.	1	2	3	4	5
9. Já estive obcecado durante algum tempo por certa ideia ou projeto, mas depois perdi o interesse.	5	4	3	2	1
10. Já superei obstáculos para conquistar um objetivo importante.	1	2	3	4	5

Fonte: DUCKWORTH, 2016, p. 67.

https://angeladuckworth.com/grit-scale/

Segundo Duckworth, a garra tem dois componentes principais: paixão e perseverança. Para entender mais a fundo o resultado da sua avaliação, as perguntas ímpares estão relacionadas à pontuação sobre paixão, e as perguntas pares, à pontuação sobre perseverança.[9] É importante ter em mente que a sua pontuação é um reflexo do seu momento de vida atual, ou seja, ela pode variar e melhorar ao longo do tempo. Qualquer que seja o seu resultado, o objetivo é o autoconhecimento e você ter um norte para se entender melhor e saber em quais áreas pode melhorar. Ainda falaremos muito sobre autoconhecimento. Por ora, vamos aprender os elementos-chave para você desenvolver e aprimorar a sua garra: paixão, perseverança e esperança!

A TRÍADE DA GARRA
A PAIXÃO

> "Sem paixão, você não tem energia. Sem energia, você não tem nada."
> WARREN BUFFETT[10]

Para muitas pessoas, paixão é sinônimo de emoção, fervor ou obsessão. No entanto, aqui o conceito não está relacionado à intensidade ou irracionalidade, mas, sim, à consistência ao longo do tempo. Consiste em dedicar seus esforços de uma maneira sólida e constante a um único objetivo.

GARRA: O PODER DA PAIXÃO, DA PERSEVERANÇA E DA ESPERANÇA • 121

Em uma pesquisa da Gallup realizada em 2013 nos EUA, constatou-se que mais de dois terços dos adultos não se empenhavam no trabalho. O quadro é ainda mais sombrio ao redor do mundo, em que se constatou que 87% da força de trabalho em todo o mundo está "desinteressada" pelo que faz.[11]

Em geral, pessoas cujos trabalhos coincidem com seus interesses pessoais são mais felizes. Elas apresentam melhor desempenho no trabalho, são mais colaborativas e permanecem mais tempo no emprego. O mesmo ocorre com os universitários; quando seus interesses coincidem com sua área, tiram notas mais altas e abandonam menos os estudos.[12]

Na verdade, dificilmente você vai gostar de 100% das coisas na sua vida, mesmo que esteja na posição e na empresa dos sonhos. Eu já estive nesse lugar. Você terá momentos de dor, de frustração, de solidão, de exaustão. Você duvidará se vale a pena continuar. É diante de uma situação assim que você passa a entender o que é paixão. Ela o ajuda a persistir, a não desistir. Ela estimula o esforço e o trabalho árduo.

Acesse o QR Code e assista a um vídeo apaixonante de Steve Jobs sobre esse assunto.[13]

Se você não tem ideia de qual seja a sua paixão, não se preocupe. A maioria das pessoas não sabe ou tem dúvidas a respeito disso. Aproveite este momento para refletir sobre o tema. Na sequência, vou ajudar você, ao apresentar algumas técnicas.

https://www.youtube.com/watch?v=PznJqxon4zE

Ter talento não
é o mesmo que
ter sucesso. Sem
esforço, seu talento
é um mero potencial
não concretizado,
é apenas aquilo
que você poderia ter
feito, mas não fez.

@DAFSPACE

> **PARA REFLETIR**
> > Quais são as áreas de seu maior interesse?
> > Como você gosta de passar o seu tempo? E de gastar o seu dinheiro?
> > O que você acha absolutamente insuportável?

A seguir, alguns RECs importantes que podem auxiliá-lo na jornada de descoberta da sua paixão:

REC1: EXPLORE

O processo de descoberta da paixão não é introspectivo, é experimental. Muitas vezes, quando começamos a nos interessar por algo, pode passar despercebido. Tenha paciência. Nem sempre acontece de primeira. O que impede muitas pessoas de desenvolver interesse por uma carreira são imediatismo e expectativas pouco realistas. Eu pratiquei vários esportes até descobrir que o tênis era a minha grande paixão, o esporte que fazia meu coração pulsar.

REC2: CULTIVE UMA PAIXÃO

Nem sempre temos ideia do que fazer na vida ou do que nos interessa. Cultivar um interesse exige tempo, energia e disciplina. A paixão pelo trabalho tem um pouco de descoberta e muito de desenvolvimento e aprofundamento. A paixão dá energia, vontade, entusiasmo e o desejo de fazer cada vez mais e melhor o que se propôs.

REC3: NÃO TENHA MEDO DE ERRAR

"Encontrar a sua paixão" nem sempre acontece de maneira rápida e glamourosa. Às vezes, a busca se dá sem pistas. É difícil saber se a escolha é boa antes de experimentá-la por um tempo. É um processo de tentativa e erro. O importante é não deixar o medo ou a incerteza paralisar você. Tente e assuma o compromisso de não desistir logo no início.

REC4: DESCUBRA SEUS INTERESSES

Se você não descobriu sua paixão, siga seu interesse. Normalmente, eles estão entrelaçados. Quais as atividades que mais lhe dão prazer? Em quais você mais se destaca? (criar, fazer relatórios, lidar com clientes, trabalhar em equipe?).

Caso tenha dificuldades de identificar seus interesses, faça um resgate de seu tempo de criança e adolescente. A infância é uma época muito reveladora no que diz respeito às nossas aptidões naturais e interesses (desenhar, escrever, ensinar, aconselhar amigos, organizar eventos, apresentar seminários).

Pense também em seus hobbies. O que você gosta de fazer no tempo livre? Quais atividades você realiza e que fazem o tempo passar mais rápido? Ler um livro? Praticar esportes? Jogar videogame? Ir ao cinema? Viajar?

Acredite, sua paixão e seu talento podem estar escondidos nos seus passatempos preferidos. Por isso, reflita sobre as atividades que você mais curte fora do seu ambiente de trabalho. Tendemos fazer com mais frequência aquilo que nos dá mais prazer e que sabemos fazer melhor.

PERSEVERANÇA

> **"Eu perdi mais de nove mil jogadas na minha carreira e quase 300 jogos. Em 26 vezes, confiaram em mim para fazer a jogada vencedora e eu errei. Eu falhei repetidas vezes na minha vida. E é por tudo isso que alcancei o sucesso."**
>
> MICHAEL JORDAN[14]

Com o esporte, entendi o significado e a importância da perseverança. Tem a ver com ser obstinado em atingir seus objetivos. Com seguir em frente apesar das adversidades. Com alimentar a automotivação mediante as dificuldades. Com eliminar potenciais sabotadores como o tédio e frustrações. Com insistir, persistir e não desistir.

A perseverança é uma das características-chave para a realização dos nossos objetivos – sejam eles simples ou complexos. O segredo está na constância do esforço diante dos desafios. Há uma frase do grande ex-velocista jamaicano Usain Bolt que traduz bem o que é perseverança: "Eu treinei 4 anos para correr 9 segundos. Tem gente que não vê resultados em 2 meses e desiste".[15]

Vale ressaltar a diferença de perseverança e persistência, pois muitas vezes são confundidas. Enquanto na perseverança buscamos atingir os objetivos com estratégias diferentes ao encontrar dificuldades, na persistência insistimos em agir da mesma maneira, o que muitas vezes pode não funcionar.

De modo geral, pessoas sem perseverança apresentam as seguintes características:

> Não conseguem seguir rotinas, cronogramas e regras com facilidade;
> São ansiosas demais e não esperam para ver os resultados de seus esforços;
> Não entendem a importância de dar um passo de cada vez;
> Têm dificuldade para controlar as emoções e se preocupam demais com o que as outras pessoas pensam;
> Não sabem lidar com pressão e temem descobrir que não são boas o suficiente para alcançar seus objetivos.

Em relação aos benefícios de ser uma pessoa perseverante, podemos relacionar as habilidades de:

> Desenvolver autoconfiança e alimentar a crença de que é possível conquistar o que se almeja;
> Transformar os fracassos em oportunidades de aprendizado;

> Ser percebido pelos outros como alguém que faz e acontece, sendo um diferencial no trabalho;

> Tornar-se referência e inspiração para as pessoas ao redor.

Agora que você tem todas essas informações, deve estar se perguntando: *Como cultivo a minha perseverança?* Vou ajudar você nisso. A seguir, alguns RECs que o auxiliarão na sua jornada de desenvolvimento da perseverança.

REC1: TENHA CLAREZA EM RELAÇÃO AOS SEUS OBJETIVOS

A perseverança precisa de um combustível para existir, o qual vem da clareza em relação aos objetivos. Se você não sabe exatamente o que quer e o que deseja para a sua vida, as chances de desistência são maiores.

REC2: ESTABELEÇA METAS REALISTAS

Defina metas desafiadoras, porém realistas, para estar motivado, e não assustado nem paralisado. Ao definir a meta de me tornar campeã paulista com pouco tempo de treino e "quilometragem rodada", entendi que esse seria um sonho realista desde que eu colocasse os 4Ds (desejo, determinação, dedicação, disciplina) em ação. No entanto, a meta de me tornar campeã mundial, naquele momento, seria um delírio, por exemplo.

REC3: O FRACASSO NÃO É PERMANENTE, MAS A MANEIRA COMO VOCÊ LIDA COM ELE É

Busque ressignificar o fracasso e enxergá-lo como uma oportunidade de aprendizado. Pessoas perseverantes entendem o fracasso como uma situação pontual. A maneira como você lida com o fracasso determina o seu sucesso.

REC4: TENHA UMA REDE DE APOIO

Precisamos uns dos outros, essa troca é valiosa. No entanto, é necessário saber escolher bem quem estará com você, que deseja sua felicidade, que lhe dá feedback construtivo e o encoraja a seguir adiante nos momentos mais difíceis.

REC5: NÃO SE ESQUEÇA DE CELEBRAR AS PEQUENAS VITÓRIAS

Evite condicionar sua realização apenas à concretização de um grande projeto, desfrute da jornada, se alegre a cada passo que der, pois isso o manterá firme ao longo da trajetória e aumentará as suas chances de sucesso.[16]

REC6: SEJA GRATO TODOS OS DIAS

Isso não é bobagem. É comprovado que a gratidão é um componente fundamental para a felicidade, melhora a saúde e como você lida com as adversidades, pois aumenta os níveis de dopamina ao ativar o sistema de recompensa do cérebro. Assim, todos os dias, liste 3 coisas pelas quais você é grato.[17]

REC7: VIVA O PRESENTE, SEU FUTURO É AGORA

Muitas vezes, desistimos ou ficamos paralisados em vez de agir, pensando no que poderia acontecer no futuro – o que gera ansiedade – ou remoendo um arrependimento do passado – o que gera a depressão. No entanto, o único momento que você detém é o presente. Seu futuro é resultado do que você está fazendo agora. O presente é o seu maior presente.

ESPERANÇA

"Cair sete vezes, levantar oito."
ANTIGO PROVÉRBIO JAPONÊS[18]

A esperança é alimentada por uma perspectiva, por uma visão futura. Só que a vida é permeada por uma série de fracassos. Não importa o quão competente você seja, vai falhar em algum momento. É por isso que precisamos de doses de esperança.

A maneira como você lida com o fracasso determina o seu sucesso.

@DAFSPACE

GARRA: O PODER DA PAIXÃO, DA PERSEVERANÇA E DA ESPERANÇA • 129

A esperança é um ingrediente fundamental para a garra, pois sem a expectativa de um amanhã melhor não há motivação para tentar. Você não enfrentará as dificuldades se, no fundo, não acreditar que as coisas vão melhorar. Tem a ver com entender que existe uma conexão entre suas ações e o que acontece com você para um futuro melhor.

Mas esperança não é o mesmo que positividade, como observa Barbara Fredrickson, professora de psicologia da Universidade da Carolina do Norte. "A maioria das emoções positivas surge quando nos sentimos seguros e saciados. A esperança é a exceção. Ela entra em jogo quando nossas circunstâncias são terríveis – as coisas não estão indo bem ou, pelo menos, há uma incerteza considerável sobre como elas vão acabar."[19]

Em um mundo cada vez mais incerto, frágil e vulnerável, a esperança tem se tornado ainda mais relevante. Esse, aliás, é um dos motivos do despertar do interesse acadêmico nas últimas décadas, como destacado já em 1990 pelo americano C. R. Snyder, autor do livro *The Psychology of Hope* [A psicologia da esperança, em tradução livre].[20]

Snyder criou uma "Escala da esperança" e, avaliando os resultados após mais de uma década de aplicação, chegou a conclusões importantes. Segundo ele, pessoas com "baixa esperança" têm objetivos ambíguos. Já os indivíduos com "alta esperança" traçam rotas para o sucesso e caminhos alternativos, para o caso de se depararem com obstáculos.

Outro estudioso relevante na área é Anthony Scioli, professor de psicologia do Keene State College e autor dos livros *Hope in the Age of Anxiety* [A esperança na era da ansiedade, em tradução livre] e *The Power of Hope* [O poder da esperança, em tradução livre]. Para Scioli, a esperança é uma habilidade necessária e que pode ser adquirida. Além disso, os esperançosos revelam-se mais resilientes, confiantes e motivados do que as outras pessoas, tendendo a receber mais do mundo, em um processo de retroalimentação contínua.[21]

O autor também destaca a espiritualidade, independentemente de religião, como um fator importante. "A fé é o bloco de construção da esperança", afirma. A maneira como você pensa e encara a vida pode ter grande impacto na sua saúde.

A verdade é que viver com esperança acarreta uma série de benefícios, entre eles:

> Aumento da autoestima, leveza e paz;
> Aumento da autoconfiança, da capacidade de fazer acontecer;
> Ampliação da conexão com as pessoas ao redor, estimulando a fraternidade e o sentimento de grupo;
> Aumento do bem-estar, maior tolerância à dor, redução do estresse, ansiedade e depressão.

Outra característica da esperança é que não pode ser passiva, mas, sim, cultivada. Não podemos esperar que as coisas aconteçam por sorte. Você deve criar a própria sorte e fazer do amanhã um dia melhor. A seguir, dou alguns recados que o ajudarão a cultivar a esperança, colocando-a em prática!

REC1: TENHA ATITUDE

Pessoas esperançosas agem. Elas estabelecem objetivos claros e alcançáveis e delimitam bem um plano. Acreditam na própria capacidade. Reconhecem que seu caminho será marcado por tensões, obstáculos e falhas. Quando suas esperanças são frustradas, tendem a se tornar mais focadas e persistir, mesmo diante de perspectivas não tão favoráveis.[22]

REC2: NÃO VÁ SOZINHO

Cerque-se de pessoas que o inspiram. Que o contagiam com energia positiva. Que o apoiam. Que torcem por você. Que o acolhem nos momentos mais difíceis, dividindo suas experiências de como superaram as próprias dificuldades.[23]

REC3: ESPIRITUALIDADE, O PODER DA FÉ[24]

A esperança é alimentada pela fé. E não me refiro somente à fé religiosa, mas da autossugestão. É um conceito que contempla técnicas de pensamento positivo, programação neuro-linguística e relaxamento. Quando você repete as coisas para a sua mente, envia estímulos positivos, aumentando e fortalecendo a sua fé. Dizer para si mesmo: "Eu acredito que vou conseguir, eu vou suportar tudo isso" é uma técnica muito utilizada por atletas de alta performance.[25]

EM AÇÃO: A GARRA NA PRÁTICA (EA5)

> Reflita e identifique um objetivo de longo prazo em que você precise de muita garra.
> Quais são as três ações críticas que você deve tomar para atingi-lo?

Vamos "colocar para jogo" essa garra? Trabalhe-a todos os dias, não apenas quando você precisa. É apenas ao colocar essa habilidade em prática que você conseguirá aprimorá-la para alcançar os resultados almejados.

E aí? Pronto para saber um pouco mais sobre a mentalidade de crescimento? A maioria das pessoas julga ter essa habilidade, pois acredita que seja ter a "mente aberta", ou uma visão positiva sobre a vida. Será que é isso mesmo?

Bem, esse é o assunto do próximo capítulo. Vire a página, para saber mais sobre uma das habilidades mais determinantes para levá-lo a atingir sua máxima potência.

07

MENTALIDADE DE CRESCIMENTO: A MENTALIDADE DOS CAMPEÕES

> Tudo o que for negativo – pressão, desafios – é uma oportunidade para eu crescer."
> **KOBE BRYANT**[1]

Você sabe o que é mindset? E o que é mentalidade de crescimento? Provavelmente, você vai responder que sim. Só que, embora o conceito pareça simples, a maioria das pessoas se equivoca com relação a ele. Portanto, antes de apresentar a real definição dessa habilidade, é importante desmistificar algumas crenças:

> Não confunda o conceito de mentalidade de crescimento com ter uma perspectiva positiva sobre a vida; nem com o desejo de crescer ou de ser flexível e ter mente aberta. Essa é a falsa mentalidade de crescimento;
> Não acredite que basta adotar uma mentalidade de crescimento para que coisas boas aconteçam. O cerne está na mudança efetiva de comportamentos e atitudes ao lidar com situações adversas.

Tendo esclarecido esses pontos, podemos partir para a definição correta do que é o mindset. Em tradução livre do inglês, a palavra significa "configuração da mente". Assim, quando falamos de mindset, nos referimos às características da mente humana que determinam pensamentos, comportamentos e atitudes.[2]

Mindset é um conjunto de configurações mentais baseado em experiências, crenças e no que você vivenciou. É a maneira como a mente está condicionada a responder a estímulos e como o cérebro processa informações, decisões, escolhas e julgamentos.[3]

No livro *Mindset: a nova psicologia do sucesso*,[4] Carol S. Dweck disseca brilhantemente o tema após décadas de pesquisa. A autora revela como é possível alcançar o sucesso pela maneira como nos comportamos frente aos desafios da vida, seja no ambiente de trabalho ou nas relações familiares.

O modelo mental é algo pessoal. Cada um pode estar inserido em um mesmo cenário e reagir de modo diferente. Imagine que dois irmãos gêmeos foram colocados de castigo no quarto. Um deles começou a chorar porque queria sair e o outro aproveitou o momento para brincar ali mesmo.

Ao longo deste capítulo, você vai entender como funciona cada mindset e, principalmente, aprender a libertar o seu potencial!

MENTALIDADE FIXA E MENTALIDADE DE CRESCIMENTO

Pessoas com mentalidade fixa (*fixed mindset*) acreditam que suas habilidades, como talento ou inteligência, são atributos imutáveis, o que as leva a querer provar constantemente que estão certas, em vez de aprender com os erros. Para elas, errar é algo insuportável. Assim, com medo de parecerem menos inteligentes, tendem a evitar desafios e experiências novas.[5]

Já as pessoas com mentalidade de crescimento (*growth mindset*) acreditam que suas habilidades, sua inteligência e seu talento podem ser sempre aprimorados por meio de esforço e ações. Elas usam as dificuldades e críticas como um ponto de partida para seu desenvolvimento, reconhecendo que os desafios e erros são necessários para a sua evolução.

Até pode parecer óbvio o significado de cada tipo de mindset e, principalmente, o caminho que você deve seguir para atingir seu potencial. Mas não é bem assim, e logo você vai entender por quê.

Por ora, acesse o QR Code a seguir e assista ao TED inspiracional "O poder de acreditar que se pode melhorar".[6] É um vídeo imperdível de apenas 10 minutos e que pode ser transformador para a sua vida daqui em diante.

https://www.ted.com/talks/carol_dweck_the_power_of_believing_that_you_can_improve/

PARA REFLETIR
> Você costuma ocultar as áreas em que precisa se desenvolver em vez de superá-las?
> Busca pessoas que o bajulem em vez de quem aponte o que você precisa desenvolver?
> Consegue converter em sucesso as adversidades da vida?

Seja sincero ao responder a tais perguntas. Esse é o primeiro passo para a mentalidade de crescimento. No livro *Mentes extraordinárias*, Howard Gardner conclui que os indivíduos extraordinários têm "um talento especial para identificar seus próprios pontos fortes e fracos".[7]

POR DENTRO DOS MINDSETS

A opinião que você adota a respeito de si mesmo afeta a maneira como leva a sua vida. Ela pode decidir se você se tornará a pessoa que deseja ser e se realizará aquilo que lhe é importante.

Quando adotamos um mindset, ingressamos em um novo mundo. Por exemplo, no mundo do mindset fixo, o sucesso consiste em provar que você é talentoso e inteligente. Afirmar-se. No mundo do mindset de crescimento, é estar sempre aberto para aprender algo novo. Desenvolver-se.

Acreditar que suas qualidades são imutáveis – o mindset fixo – cria a necessidade constante de ocultar suas fraquezas, temer desafios

POWER SKILLS

e desvalorizar o esforço. O fato é que alguns aprendem a adotar esse mindset desde a infância.

> ### RÁPIDA REFLEXÃO
> Você lembra como foi a sua reação quando tirou nota baixa na escola ou aquém do esperado, apesar de ter se esforçado? O que pensou, como reagiu?

Pessoas com o mindset fixo tendem a responder: "O professor não gosta de mim", "Eu não vou perder tempo estudando, pois não sou bom nessa matéria", "Vou fazer o mínimo para passar de ano". O fato é que tirar nota ruim ou abaixo do esperado é algo que vai acontecer com a maioria das pessoas em algum momento. E convenhamos, não é algo catastrófico, é somente uma avaliação pontual que pode ser reversível. No entanto, a partir desse evento, o mindset fixo cria o sentimento de fracasso e paralisia.

Já as pessoas com mindset de crescimento têm outro tipo de atitude: "Esta nota mostra que devo me dedicar mais às aulas", "Preciso me esforçar mais nesta matéria, ser mais cuidadoso e ou estudar de maneira diferente". Sabem que a nota em uma prova indica em que ponto elas estão, mas não aonde podem chegar.

Qualquer que seja seu mindset, você ficaria aborrecido. Quem não fica quando as coisas não acontecem conforme o esperado? A diferença está em como você reage.

MINDSET FIXO × MINDSET DE CRESCIMENTO

As pessoas com mindset fixo e as com mindset de crescimento adotam posturas diferentes diante da vida. Vamos analisar isso em mais detalhes nos parágrafos a seguir.

Desafio: As pessoas com mindset de crescimento não buscam apenas o desafio, elas prosperam nele. Já as com mindset fixo paralisam e desistem antes de tentar, evitando o fracasso e a frustração. Se for algo muito desafiador e elas não se sentirem inteligentes ou talentosas, logo perdem o interesse.

Esforço: A paixão por se esforçar e se manter firme, mesmo (ou especialmente) quando não está indo bem, é a marca registrada da mentalidade de crescimento. As pessoas veem o esforço como o caminho para a excelência. Já na mentalidade fixa, há a crença de que é inútil se esforçar por algo que não vai conseguir. Não ir bem é sinal para não seguir adiante. A ideia de fracassar (apesar do esforço) e ficar sem desculpas é o pior temor de quem tem mindset fixo. Ele rouba as desculpas.

Imediatismo: O mindset fixo não permite o luxo de se tornar algo ou alguém, já se deve ser. Precisam ser logo. As pessoas com mentalidade de crescimento acreditam que até os gênios precisam trabalhar duro por suas conquistas.

Feedback: O mindset fixo entende feedback como crítica pessoal, ficando na defensiva e reativo, preocupado em como será julgado. Já a mentalidade de crescimento permite considerar o feedback como uma informação valiosa para o crescimento.

Fracasso: As pessoas com mindset fixo interpretam o fracasso de um fato específico (eu fracassei) como uma identidade (sou um fracassado). Muitas vezes se envergonham, arranjam desculpas ou atribuem a culpa aos outros. Já aquelas com mindset de crescimento entendem que é um contratempo natural da vida e uma oportunidade de melhoria.

Agora você tem elementos mais do que suficientes para compreender que o mindset fixo limita o potencial de realizações, tornando o esforço desagradável e levando à estratégia de aprendizados inferiores.

> **RÁPIDA REFLEXÃO**
>
> Com qual mentalidade você mais se identifica: mindset fixo ou de crescimento?

Caso a sua resposta tenha sido o mindset fixo ou você tenha características dos dois mindsets, não se preocupe. Todos nós temos elementos de ambos. Eles podem ser mais acentuados em determinadas ocasiões ou áreas. Não existe uma mentalidade "pura" de crescimento.

O importante é esse autoconhecimento da sua condição. Além disso, é possível modificar o mindset, é uma habilidade treinável. Meu objetivo aqui é trazer entendimento e ajudar você com ferramentas para desenvolver o mindset de crescimento.

FATO OU FAKE?

Listei a seguir algumas crenças que muitas vezes as pessoas têm, mas ficam na dúvida quanto a ser verdade ou não. Vamos conferir?

F1: A PESSOA É RESPONSÁVEL PELO PRÓPRIO FRACASSO PORQUE NÃO SE ESFORÇOU

Esforço é fundamental, sem ele ninguém consegue ter sucesso por muito tempo, mas há outros fatores para medir o sucesso ou fracasso. As pessoas têm oportunidades diferentes. Por exemplo, quem tem menos recursos pode até fazer mais esforço do que quem tem mais, no entanto, o fato de não poder correr riscos, além de ter menor acesso à educação e rede de amigos influentes, não o levará ao mesmo resultado de alguém com mais possibilidades.

F2: AS PESSOAS COM MINDSET FIXO NUNCA SE ESFORÇAM

Em geral, as pessoas com mindset fixo preferem o sucesso sem esforço, pois é a melhor maneira de provar seu talento, além de poderem usar o esforço como desculpa e proteção por não terem atingido o resultado desejado.

F3: AS PESSOAS COM MINDSET DE CRESCIMENTO TÊM ALTO GRAU DE CONFIANÇA

Não necessariamente. Muitas vezes, elas se dedicam bastante a algo justamente por não terem confiança; então, mergulham com empenho e perseverança até conseguirem realizar a tarefa muito bem.

F4: TODO MUNDO PODE ATINGIR SEUS OBJETIVOS COM O MINDSET DE CRESCIMENTO

Não necessariamente. No entanto, todo mundo pode fazer mais do que imaginava com esforço e trabalho árduo.

F5: O ELOGIO DOS PAIS É IMPORTANTE NO PROCESSO DE DESENVOLVIMENTO

O elogio dos pais molda o mindset dos filhos, assim como suas reações aos erros. Se são sempre julgadas, as crianças terão medo de perseguir desafios maiores. Se são sempre protegidas, não atingem seu potencial.[8] Crianças precisam de feedback honesto e construtivo. O elogio deve reconhecer o esforço que estimula o aprendizado, e não apenas o resultado.

F6: É POSSÍVEL MUDAR TUDO EM UMA PESSOA

O mindset de crescimento é a crença de que as aptidões podem ser desenvolvidas com esforço ao longo do tempo. Mas isso não define a extensão da mudança, tampouco quanto tempo a mudança levará.

MINDSET NOS ESPORTES

A marca do campeão é a capacidade de vencer quando as coisas não vão muito bem, quando você não está no seu melhor dia. O esporte é sem dúvida a melhor escola para aprimorar e desenvolver o mindset do crescimento.

Impossível não falar de Nadal na conquista histórica do seu 14º título em Paris, jogando com fortes dores e conquistando o 22º título de Grand Slam em 2022. O fato é que não há lógica quando se trata de Nadal.[9] Quando a vitória parece se afastar, ele renasce das cinzas, ficando ainda mais potente. Não à toa, é um dos atletas mais respeitados e temidos em quadra. Jogar com Nadal é saber que precisará dar tudo, pois ele não desistirá de nenhum ponto, lutará como se fosse a última bola da sua vida.

A verdade é que talento não vence jogo. É preciso ter a mentalidade de crescimento. É assim que os atletas menos talentosos vencem. Trago meu próprio exemplo. Eu me tornei campeã paulista aos 17 anos sem ter talento, tampouco, jogava "bonito", pois não tinha o domínio dos golpes, nem potência ou velocidade. No entanto, entendi que a única maneira de vencer seria com o jogo mental aliado ao treino árduo para superar minha falta de habilidade técnica.

O tênis me proporcionou um dos maiores aprendizados da vida. Entendi que a forte crença que tinha a respeito da possibilidade de vencer (com os 4Ds em ação: desejo, determinação, dedicação, disciplina) foi um fator fundamental para a realização do meu potencial. Ou melhor, do meu sonho.

O verdadeiro potencial de uma pessoa é ilimitado. É impossível imaginar o que podemos atingir com anos de paixão, esforço e treinamento.

MINDSET NAS ORGANIZAÇÕES

No clássico livro de Jim Collins, *Empresas feitas para vencer*, o autor aponta que o que diferencia as empresas excelentes das boas é o tipo de liderança. Não são os líderes com ego inflado, sempre em busca de elogios ou culpados – os de mindset fixo –, que levam uma empresa ao sucesso, mas, sim, os mais discretos, que dialogam com o time e reconhecem os fracassos, especialmente os próprios, buscando sempre melhorar – ou seja, os com mindset de crescimento.[10]

Harvey Hornstein, especialista em liderança corporativa, escreve em seu livro *Brutal Bosses* [Chefes cruéis, em tradução livre] sobre chefes que têm a necessidade de reforçar a própria sensação de poder à custa dos subordinados, para se sentirem melhor. As vítimas costumam ser as pessoas consideradas menos talentosas, pois é o que alimenta o senso de superioridade deles, mas também podem ser as mais competentes, pois representam maior ameaça a um chefe com mindset fixo.[11]

O perigo nesse tipo de liderança está no impacto negativo em toda a organização. Tudo começa a girar em torno da satisfação do chefe. De acordo com Collins,[12] o líder se tornar o centro é uma receita para a mediocridade, pois ele coloca todo mundo no mindset fixo, e paira em todos o medo e a preocupação constantes de serem julgados. Criatividade e inovação não sobrevivem ao mindset fixo de uma empresa.

Já no mundo de uma organização com mindset de crescimento, a figura do "eu, eu, eu" faminta por reconhecimento se transforma em *nós*. E o resultado é um ambiente cheio de energia e possibilidades, que propicia o desenvolvimento do time, a criatividade, a inovação e a satisfação.

PARA REFLETIR
> Qual é o mindset de onde você trabalha? As pessoas são julgadas ou apoiadas nos momentos de adversidade?
> Como você reage quando outras pessoas falham? Você julga ou busca ajudá-las em seu desenvolvimento?
> Você é do tipo defensivo e reativo ao receber críticas ou reconhece imediatamente e busca melhorar?

Talvez você possa ser o agente transformador em seu ambiente de trabalho a partir do seu comportamento e pensamento de mindset de crescimento, principalmente se ocupar uma posição de liderança.

MINDSET NOS RELACIONAMENTOS

Quando falamos de relacionamento, a questão de mindset é ainda mais complexa, pois é preciso levar em consideração dois outros elementos: o parceiro e a própria relação. No mindset fixo, o ideal é a compatibilidade instantânea, perfeita e perpétua. O famoso "viveram felizes para sempre", ou seja, se você precisa se esforçar é porque não é para ser. É também comum no mindset fixo acreditar na leitura dos pensamentos ou que, em um casal, ambos deveriam ter sempre a mesma opinião.

Já no mindset de crescimento, não se espera que as coisas aconteçam por mágica. Há o entendimento de que o relacionamento bom e duradouro decorra do esforço mútuo de resolver as inevitáveis diferenças com uma comunicação clara e transparente. Segundo John Gottman, pesquisador de relacionamentos, "Todos os casamentos exigem um esforço para se manter nos trilhos; há uma tensão constante [...] entre as forças que unem e as que podem separar".[13]

Em todo relacionamento surgem problemas. Veja-os a partir de uma mentalidade de crescimento: as adversidades são um veículo para desenvolver a compreensão e a intimidade. Permita que seu parceiro exponha suas diferenças, ouça com atenção e discuta de maneira paciente e atenciosa. Você pode se surpreender com a proximidade que isso cria.[14]

No entanto, acreditar que o parceiro pode mudar não deve ser confundido com a crença de que ele vai mudar. O parceiro tem de querer mudar por si próprio, dedicar-se e agir concretamente para a mudança.

> ## RÁPIDA REFLEXÃO
> Já parou para pensar qual tipo de relacionamento você busca: um que gratifica seu ego ou um que o desafia a se desenvolver?

A seguir, listei alguns RECs que o ajudarão a desenvolver a sua mentalidade de crescimento:

REC1: RECONHEÇA OS PONTOS QUE PRECISA MELHORAR

Uma pessoa com mentalidade de crescimento não fecha os olhos para os pontos que precisa trabalhar para melhorar. Ela os enxerga e encontra o melhor caminho para aperfeiçoá-los. Reconheça e identifique seus gatilhos.

REC2: EVITE COMPARAÇÕES; BUSQUE INSPIRAÇÕES

Em vez de comparar seus resultados com os dos outros e desanimar, veja-os como oportunidades de se inspirar, sair da zona de conforto e aprender algo novo. Tudo pode ter um lado positivo, basta identificá-lo.

REC3: INCLUA A PALAVRA "AINDA" EM SEU VOCABULÁRIO

Sempre que pensar em dizer frases como: "Eu não consegui" ou "Eu não sei", inclua a palavra *ainda*. "Eu *ainda* não consegui", "Eu *ainda* não sei", essa simples mudança o ajudará a compreender que as coisas não são definitivas.

REC4: NÃO BUSQUE APENAS APROVAÇÃO, BUSQUE A CRÍTICA CONSTRUTIVA

Em vez de direcionar suas atitudes para buscar aprovação, prefira buscar feedback – vou falar um pouco mais sobre esse tema no capítulo 10, "Atingindo a sua potência máxima". A aprovação é uma consequência, não deve ser seu objetivo.

REC5: ESQUEÇA AS DESCULPAS, FOQUE A SOLUÇÃO

Por mais que não seja possível controlar todos os acontecimentos, temos a escolha de definir como eles afetam a nossa vida e, principalmente, como reagimos a eles. Assuma o controle da situação e a resolva com atitudes.

E, por fim, lembre-se: o sucesso não está apenas na vitória, mas no aprendizado e desenvolvimento contínuo. Quanto mais você adotar essa mentalidade, mais recompensa e prazer terá ao longo da sua jornada.

A boa notícia é que todo mundo pode aprimorar a inteligência, as habilidades e os talentos natos. Robert Sternberg, o guru da inteligência da atualidade, diz que o principal modo de aquisição de conhecimento especializado não é uma capacidade prévia e fixa, e, sim, a dedicação com objetivo.[15]

Não se engane, porém. Mudar, atingindo uma mentalidade de crescimento, não é fácil, pois temos gatilhos de mentalidade fixa. Ao enfrentar desafios e dificuldades, ou receber críticas, podemos cair na defensiva ou ficar inseguros, respondendo a isso de modo a inibir o crescimento.

Você tem um longo caminho diante de si, basta dar o primeiro passo para a mudança. Isso é o mais importante, pois, sem ele, os outros passos não existem. É esse primeiro passo que o tira de onde está.

EM AÇÃO: A MENTALIDADE DE VENCEDOR NA PRÁTICA (EA6)

Um ponto de partida claro é compreender o que significa a mentalidade de crescimento e suas atitudes, comprometendo-se a aprender, esforçar-se e encarar os erros como oportunidades de crescimento.

Mudar o mindset é ver as coisas de uma nova maneira. É mudar de uma estrutura de julgar e ser julgado para uma de aprender e ajudar a aprender.

Entenda: o mindset fixo não desaparece facilmente, pois é muito tentador. É necessário disciplina e vigilância constantes para conservar a mudança.

> Pense em alguém que tenha o mindset fixo. Avalie se essa pessoa fica mais sensibilizada ante a possibilidade de cometer erros. Você já se perguntou por que ela é assim? Você é assim?

MENTALIDADE DE CRESCIMENTO: A MENTALIDADE DOS CAMPEÕES • 145

> Agora, pense em alguém que tenha mindset de crescimento e que lide bem com desafios e críticas. Como essa pessoa enfrenta os obstáculos da vida?

> Agora, pense em você. O que você gostaria de modificar ou aperfeiçoar?
> Liste três ações e dê o primeiro passo; a mudança depende exclusivamente de você.

Parabéns, você finalizou as habilidades de alta performance! Apreciar os desafios, confiar no esforço e ter perseverança diante das adversidades são atitudes fundamentais para atingir a sua máxima potência.

Você está, como diria Rubem Alves, pronto para passar pelo fogo e, de milho de pipoca, se transformar na pipoca em si. Conhece essa crônica? Vale muito a pena lê-la! Acesse o QR Code a seguir para isso.

Então, após essa leitura, siga rumo à parte 4 do livro, subindo de nível para as habilidades de liderança!

https://www.ippb.org.br/textos/revista-online/convidados/o-fogo-que-nos-transforma

parte quatro

LID

ERE

08
PENSAMENTO CRÍTICO, SAINDO DO PILOTO AUTOMÁTICO

"Você não aprende a não ser que questione."
WARREN BERGER[1]

VOCÊ JÁ SE ARREPENDEU DE ALGUMA DECISÃO NA SUA VIDA?

Decisões, decisões e mais decisões. Quem nunca passou por isso? Bem-vindos ao pensamento crítico, a habilidade essencial que vai ajudá-lo a tomar a melhor decisão em questões difíceis no âmbito profissional e pessoal.

Em primeira análise, você pode pensar que tem essa habilidade desenvolvida, pois pode parecer algo básico. No entanto, de acordo com a pesquisa da American Management Association, apenas metade dos entrevistados disse que seus funcionários demonstram ter essa habilidade, sendo que mais de 70% consideram que ela seja chave para o sucesso.[2]

Mas o que é pensamento crítico? Tem a ver com a capacidade de analisar fatos e informações de maneira lógica, racional e reflexiva, com o objetivo de formar uma opinião própria e sem vieses. É a habilidade de questionar e estabelecer uma conexão entre ideias para tomar decisões bem informadas e não apenas baseadas em um fato ou percepções.

Embora seja uma atividade cognitiva relacionada com o raciocínio, o objetivo do pensamento crítico é orientado para a ação, incluindo a resolução de problemas e a tomada de decisões. Assim, ele é composto de três partes: a primeira envolve uma observação inicial; a segunda, um levantamento das informações que permeiam o assunto para, depois, em um terceiro momento, definir uma opinião e/ou tomada de decisão.

A definição dessa habilidade é ampla, pois ela é aplicável a diferentes situações: decisões estratégicas de negócio, compra de um apartamento, transição de carreira ou de emprego etc. Porém, nem todo pensamento que temos é crítico. Isso seria muito cansativo.

O pensamento crítico deve ser aplicado em situações ou problemas difíceis que demandam decisões importantes.

O filósofo e político inglês Francis Bacon sintetizou bem em uma frase o que pensa sobre essa habilidade: "O pensamento crítico é ter o desejo de buscar, a paciência para duvidar, o empenho para meditar, a lentidão para afirmar, a disposição para considerar, o cuidado para ordenar e o ódio por qualquer tipo de impostura".[3]

PARA REFLETIR
> Você já precisou decidir entre duas escolhas aparentemente equivalentes e não soube como resolver?
> Já enfrentou (ou está enfrentando) algum problema difícil, pessoal ou profissional?
> Precisou tomar uma decisão difícil na vida ou está tendo de tomar uma neste momento?

Todo mundo já passou (ou está passando) por essas questões. Vou discorrer logo mais sobre elas, ensinando técnicas e ferramentas para ajudá-lo quando se encontrar em uma dessas encruzilhadas da vida.

A IMPORTÂNCIA DO PENSAMENTO CRÍTICO

Em um mundo cada vez mais complexo, ambíguo e polarizado, com grande disseminação de informações, opiniões e *fake news*, a competência de ter pensamento crítico é ainda mais relevante. Com tantas opções, torna-se cada vez mais desafiador tomar decisões acertadas, e muitas vezes sob a pressão do tempo.

Você já ouviu o termo em inglês *bandwagon effect*? Traduzindo para o português, é conhecido como efeito manada,[4] um fenômeno psicológico em que as pessoas fazem algo porque os outros estão fazendo, muitas vezes ignorando princípios pessoais ou evidências. O melhor antídoto para isso é o pensamento crítico.

PENSAMENTO CRÍTICO, SAINDO DO PILOTO AUTOMÁTICO • 151

Um pensador crítico questiona, busca a melhor resposta. Ao analisar as circunstâncias de várias perspectivas, ele desenvolve uma compreensão completa da situação e encontra possíveis soluções baseadas em evidências. Isso é fundamental para qualquer tipo de decisão, principalmente em uma posição de liderança que exige muitas vezes a tomada de decisões sobre temas e áreas dos quais você não tem total domínio e conhecimento.

Não à toa, o pensamento crítico foi considerado pelo Fórum Econômico Mundial uma das skills mais requisitadas da nova economia e a quarta mais importante até 2025. As empresas precisam cada vez mais de profissionais que resolvam problemas por meio de boas decisões, e não apenas com base na própria percepção ou em experiências anteriores.[5]

Pessoas de sucesso são pensadores críticos e se cercam de pensadores críticos. Um grande exemplo é Warren Buffett, reconhecido mundialmente como um dos maiores investidores do mercado financeiro e filantropo americano focado em iniciativas sociais.[6] Buffett afirma que investiu 80% de sua carreira na leitura. E o que o torna bem-sucedido é o fato de ele programar um tempo para processar as informações, a fim de formar os próprios insights.[7]

Na Filosofia, a arte de saber questionar é o ponto central para enxergar novas e melhores rotas. Grandes questões e problemas relacionados ao conhecimento são estudados pela Filosofia. Ela permite ao ser humano compreender melhor a si mesmo, a sociedade e o mundo que o cerca, estimulando maior autonomia de pensar, agir e se comportar.

Deixo aqui algumas célebres frases de filósofos que instigam o nosso conhecimento:

> - Aristóteles (384 a.C.–322 a.C.): "O ignorante afirma, o sábio duvida, o sensato reflete."
> - Sócrates (470 a.C.–399 a.C.): "Só sei que nada sei."
> - René Descartes (1596–1650): "Penso, logo existo."

Nós não aprendemos aquilo que não questionamos.

@DAFSPACE

> Nietzsche (1844–1900): "Não há fatos eternos, como não há verdades absolutas."

Por isso, continue perguntando, para progredir com o conhecimento!

E, no cerne do pensamento crítico, está a capacidade de formular questões eficazes. É sobre isso que vamos aprender agora.

> **RÁPIDA REFLEXÃO**
> Você sabe como formular boas perguntas?

"Saber as respostas vai ajudá-lo na escola, mas saber como questionar vai ajudá-lo na vida."
WARREN BERGER[8]

Qualquer um de nós pode fazer uma bela pergunta. Você sabia que a ideia da câmera instantânea Polaroid surgiu quando a filha de 3 anos do fundador da empresa Edwin Land perguntou ao pai: "Por que temos de esperar pela foto?"? Ela não entendia por que o filme precisava ser enviado para o processamento e queria ver os resultados imediatamente. Essa pergunta fez seu pai pensar e dar início ao processo que levou à invenção.[9]

O mesmo ocorreu com o fundador da Netflix, Reed Hastings, ao questionar por que tinha de pagar multa pelo atraso nas videolocadoras... E com os fundadores da Airbnb: por que era tão difícil alugar quarto de hotel em certas épocas do ano?[10]

De modo geral, sempre que alguém dá um passo para trás e pergunta: "Por que estamos fazendo as coisas da maneira que sempre fizemos? Por que não tentamos uma nova abordagem?", temos a oportunidade de ter ideias inovadoras e encontrar soluções para os problemas existentes.

Em um mundo com acesso cada vez mais fácil e rápido a um volume enorme de informações, conhecimento virou commodity.

O poder e a habilidade de usar esse conhecimento para saber fazer as perguntas certas e filtrar o que é relevante e confiável se torna cada vez mais crítico. A verdade é que a qualidade do resultado depende da qualidade das perguntas.

Ao fazer as perguntas certas, podemos encontrar as melhores soluções, estimulando a inovação e a criatividade, além de obter um conhecimento mais profundo sobre os tópicos que realmente importam, e assim poder tomar as melhores decisões. No entanto, poucos fazem isso bem – se é que o fazem.[11]

No livro *A More Beautiful Question* [A mais bela pergunta, em tradução livre], Warren Berger mostra como os principais inovadores, líderes em educação, pensadores criativos e startups fazem perguntas revolucionárias para estimular a criatividade, resolver problemas e criar novas possibilidades.

O questionamento é uma ferramenta poderosa para gerar valor nas organizações: estimula o aprendizado e a troca de ideias, a inovação e a melhoria do desempenho, cria relacionamento e confiança entre os membros da equipe. Além disso, pode mitigar o risco do negócio descobrindo perigos imprevistos.[12]

Para algumas pessoas, o questionamento vem facilmente. Sua curiosidade natural, inteligência emocional e capacidade de ler as pessoas colocam a pergunta ideal na ponta da língua. Mas a maioria de nós não faz perguntas suficientes nem sabe o que ou como perguntar. A seguir, alguns RECs que vão ajudar você a ir ao X do problema.

REC1: CRIE UM ESPAÇO PSICOLÓGICO DE CONFIANÇA

Para obter uma conversa mais sincera e produtiva, você precisa criar um ambiente em que seus interlocutores sintam que podem compartilhar, sem temer que suas respostas não sejam boas o suficiente ou que serão julgados. Você precisa criar um espaço psicológico seguro, e a comunicação será uma habilidade-chave aqui.

REC2: QUESTIONE O *STATUS QUO*

O *status quo* é o estado atual das coisas. É a norma. É assim que as coisas são feitas. Você sabe que o encontrou quando ouve a frase: "Sempre fizemos isso assim". Os pensadores críticos fazem perguntas como: "Por que fazemos assim?", "Como podemos tornar isso melhor?", "Quais são as nossas outras opções?".

REC3: FRACIONE O PROBLEMA EM PARTES MENORES

Ao examinar as partes individuais de um problema, você consegue elaborar perguntas mais assertivas e dissecar o problema, encontrando uma maneira de resolvê-lo com soluções que criam um efeito dominó ou cascata.

REC4: BUSQUE DIVERSIDADE DE PENSAMENTO E COLABORAÇÃO

É natural agrupar-se com pessoas que pensem ou agem como você. Isso acontece especialmente on-line. Algoritmos de mídia social estreitam ainda mais suas perspectivas, veiculando apenas notícias que se encaixam em suas crenças individuais.[13] É crucial sair de sua bolha pessoal. Em reuniões de trabalho, dê a todas as pessoas a chance de dar opiniões de modo independente, sem a influência do grupo ou de vieses inconscientes (hierarquia, idade, gênero...).

UM BOM JULGAMENTO, UMA BOA DECISÃO

Julgamento é a capacidade de combinar qualidades pessoais com conhecimento e experiência relevantes para formar opiniões e tomar decisões. Conforme os autores de *Judgment: How Winning Leaders Make Great Calls* [Julgamento: como os líderes vencedores tomam decisões importantes, em tradução livre], é "o core da liderança exemplar". É o que permite uma escolha acertada na ausência de dados claros e relevantes ou de um caminho óbvio.[14]

Não são todas as decisões que precisam ser pensadas com profundidade; às vezes, basta abandonar preconcepções e abordar o processo de maneira lógica, definindo alguns critérios para os atributos que acha relevante ou até mesmo anotando em uma folha de papel os prós e contras de cada opção.

Já para as decisões mais difíceis, as etapas indicadas a seguir são um guia valioso para ajudar você a resolver um problema ou tomar uma decisão difícil.

AS 6 ETAPAS DO PENSAMENTO CRÍTICO

O processo de 6 etapas do pensamento crítico é útil para tomar decisões complexas nas áreas em que você tem menos conhecimento, evitando assim cair na tentação de entrar no piloto automático do "achismo".

Com um número cada vez maior de decisões a serem tomadas, tendemos a criar atalhos com discussões rápidas e muitas vezes rasas, usando a desculpa de não termos tempo. No entanto, uma decisão mal tomada pode ter um impacto enorme.

O melhor investimento a se fazer é o de criar um processo simples e efetivo. Assim, mesmo que a decisão final não seja a melhor, você terá a tranquilidade de ter se pautado em um processo decisório fundamentado, podendo usar os aprendizados em decisões futuras.

1. IDENTIFIQUE O PROBLEMA

Comece o processo de pensamento crítico identificando com exatidão o problema em questão. Muitas vezes, as discussões giram em questões secundárias, criando distrações e perda de tempo.

As perguntas desempenham um papel importante nessa etapa.

> O que: O que está acontecendo? Qual é a extensão do problema? O que esse problema impede de avançar?

- > Quem: Quem está envolvido? Quem o causou? Quem está sendo afetado?
- > Quando: Quando esse problema aconteceu? É um problema urgente?
- > Por que: Por que está acontecendo? Por que isso afeta os fluxos de trabalho?
- > Como: Como esse problema ocorreu? Como afeta o trabalho?
- > Qual: Qual suposição estou fazendo?

2. PESQUISE EM FONTES CONFIÁVEIS

Nesse ponto, provavelmente você já tem uma ideia geral do problema; mas, para chegar à melhor decisão, é necessário pesquisar mais a fundo as informações. Conecte-se com as pessoas envolvidas no problema, consulte experts no assunto, pesquise em livros e fontes confiáveis na internet. Avalie as diferentes opiniões e tome alguns cuidados:

- > Construa uma rede de pessoas que não tenham medo de dizer que você está errado e/ou que não estejam buscando a sua aprovação;
- > Não acredite em tudo o que você escuta e não exagere na busca por informações;
- > Preste atenção às coisas que não são ditas ou escritas;
- > Entenda as motivações por trás da posição adotada ou argumento apresentado.

3. DETERMINE A RELEVÂNCIA DOS DADOS

Tão importante quanto reunir informações variadas (incluindo seu próprio conhecimento no assunto), é determinar quão relevantes são as fontes de informação. Afinal, ter dados não significa que eles sejam relevantes. Depois de ter reunido as informações, identifique quais são relevantes e quais não são. Saber filtrar é a chave aqui.

As perguntas são um gatilho poderoso para encontrar as melhores soluções.

@DAFSPACE

4. FAÇA UMA AUTORREFLEXÃO

Cuidado com a armadilha da familiaridade e o excesso de confiança, estar em algo por muito tempo pode ser tão perigoso quanto útil. Esteja ciente de possíveis vieses inconscientes e preconceitos ao tomar uma decisão. Desafie suas percepções e opiniões. Vamos entender no capítulo sobre empatia que todos temos vieses. A capacidade de desapego intelectual e emocional é um componente vital do bom senso e imparcialidade. Envolve a compreensão e a aceitação de diferentes pontos de vista.

5. APRESENTE A SUA DECISÃO

Chame para a discussão as pessoas do time que estão na linha de frente e que entendem se determinada escolha é factível antes de apresentar a sua decisão final. Muitas vezes as discussões ficam no âmbito de quem não está no dia a dia da operação, e por isso as decisões acabam não sendo as melhores.

O processo do pensamento crítico não leva, necessariamente, a uma solução simples e fácil; em vez disso, ajuda a entender as diferentes variáveis em jogo para tomar uma decisão bem fundamentada. A comunicação é uma habilidade fundamental nessa etapa.

6. AVALIE A SUA DECISÃO

E, por fim, após implementar a decisão, avalie se foi eficaz. Resolveu o problema? Quais lições, positivas e negativas, foram aprendidas? Considere registrar esses aprendizados e compartilhar as boas práticas com outros times.

EM AÇÃO: PENSAMENTO CRÍTICO NA PRÁTICA (EA7)

Afinal, você tem pensamento crítico?

A Universidade de Manchester elaborou uma versão simples de autoavaliação de pensamento crítico.[15] Em uma escala de 1 a 5, em

160 • POWER SKILLS

que 1 é "Nunca" e 5 é "Sempre", responda a cada uma das afirmações a seguir.

Se responder "Sempre" na maioria das vezes, você é um pensador crítico nato. Caso tenha respondido "Não" ou "Nem sempre", não se preocupe, há sempre a possibilidade de se aprimorar.

1. Eu procuro evidências antes de acreditar em afirmações.	
2. Eu considero os problemas de diferentes perspectivas.	
3. Sinto-me confiante para apresentar os meus argumentos, mesmo quando desafiam os pontos de vista dos outros.	
4. Eu procuro ativamente evidências que possam contrariar o que já sei.	
5. As minhas opiniões são influenciadas por evidências, e não apenas por experiência pessoal e emoção.	
6. Se eu não tiver a certeza sobre algo, vou pesquisar para descobrir mais.	
7. Eu sei como procurar informações confiáveis para desenvolver meu conhecimento sobre um tópico.	
8. Com base na informação, consigo retirar conclusões lógicas.	
9. Consigo resolver problemas de forma sistemática (definir o problema, identificar as causas, priorizar etc.), ou seja, sem tomar decisões somente pela intuição.	

Então, chegou a hora de desenvolver e aprimorar seu pensamento crítico! Além de ajudar você a tomar decisões com probabilidade de melhores resultados, promoverá a sua capacidade de argumentação, impacto e influência, estimulando a sua criatividade e inovação.

Assim como as demais habilidades, essa também não é um dom inato. Assuma agora mesmo o protagonismo da sua vida, fazendo as

PENSAMENTO CRÍTICO, SAINDO DO PILOTO AUTOMÁTICO • **161**

melhores escolhas e tomando as melhores decisões para atingir seus objetivos!

> Identifique uma decisão difícil ou um problema que tenha que resolver.
> Aplique as etapas do pensamento crítico e tome a melhor decisão.

O pensamento crítico é um diferencial atualmente, pois uma decisão importante acertada pode mudar não apenas a sua vida, mas também impactar as pessoas ao seu redor, como a sua família, seu time, clientes e stakeholders.

Seguimos agora para a próxima habilidade, que vai levar você para outro nível de liderança, relacionamentos e resultados... Uma habilidade que está muito em voga e que se faz necessária para uma vida mais saudável: a empatia!

09

EMPATIA: A HABILIDADADE DA LIDERANÇA HUMANA

> Liderança tem a ver com empatia. É ter a capacidade de se relacionar e se conectar com as pessoas para inspirar e fortalecer a vida delas."
> **OPRAH WINFREY**[1]

A SKILL QUERIDINHA DO MOMENTO

Empatia sempre foi uma habilidade crítica na liderança, no entanto, nos últimos anos, com a pandemia de covid-19, tornou-se uma *buzzword* e a skill queridinha do mundo corporativo. Assumiu uma importância e prioridade ainda maior nas organizações, sendo presença constante nas conversas de corredores, reuniões e trend topic nas mídias sociais.

Como toda *buzzword*, a empatia tem um enorme valor, mas por (várias) vezes acaba sendo esvaziada de significado. Você já deve ter ouvido alguém falar que o mundo precisa de mais empatia – talvez você mesmo já tenha falado isso. Por muito tempo, eu falei. Achava que sabia o que era empatia. Ou pior, que a dominava. Ledo engano. Além de não saber o real significado nem de ter a dimensão de seu impacto (positivo e negativo), eu tampouco a aplicava a situações importantes do cotidiano.

E você, sabe o que é empatia e por que ela é tão importante?

O termo advém do grego *empatheia*, formado por *em* ("para dentro") mais *pathos* ("emoção, sentimento, paixão"). Empatia é a capacidade de se colocar no lugar do outro, caso estivesse na mesma situação, sem julgamento, com o objetivo de entender sua realidade, seus sentimentos, suas emoções, e usar esse conhecimento para uma melhor conexão.[2]

Ser empático é saber escutar ativamente, refletir sobre os pontos de vista do outro e ser capaz de entender melhor por que diferentes pessoas reagem à mesma situação de maneiras tão distintas. É a experiência de "sair" do próprio eu e expandir seus horizontes. Pode parecer simples e óbvio, no entanto é uma das habilidades mais difíceis de se colocar em prática.

Os psicólogos Daniel Goleman e Paul Ekman dividem o conceito de empatia em três categorias,[3] conforme explicado a seguir:

> **Empatia cognitiva: entender o ponto de vista do outro.** É a capacidade de entender melhor a perspectiva do outro e a maneira como ele pensa. Ou seja, assimilar os motivos que levaram alguém à determinada conclusão, opinião ou atitude. Pessoas que compreendem melhor a perspectiva alheia se colocam diante do outro de modo mais aberto, criando assim maior afinidade e conexão e, consequentemente, relações de confiança duradouras.

> **Empatia emocional: compartilhar o sentimento do outro.** Envolve o compartilhamento de sentimentos da outra pessoa, originando uma conexão emocional. Pode ser chamada também de empatia afetiva. O indivíduo emocionalmente empático está em sintonia com os sentimentos do outro e, assim, compreende melhor os medos, a tristeza ou angústia alheios.

> **Empatia compassiva: perceber que o outro precisa de ajuda e oferecer apoio.** A empatia compassiva vai do entendimento do ponto de vista alheio e conexão emocional para a ação. O empático identifica as necessidades do outro e, a partir daí, nasce o desejo de ajudar com ações efetivas.

Antes de seguir a leitura, recomendo assistir ao vídeo do próprio Paul no QR Code abaixo,[4] são menos de cinco minutos!

https://youtu.be/kkC19K7E1Lc

A EMPATIA NA PRÁTICA

Para ilustrar como essas três categorias da empatia funcionam juntas, imagine que um amigo perdeu recentemente um familiar próximo. Sua reação natural pode ser simpatia, um sentimento de pena ou tristeza. A simpatia pode levá-lo a expressar condolências ou enviar um cartão – e seu amigo pode apreciar essas ações.

Mostrar empatia, porém, demanda tempo e esforço. Começa com a empatia cognitiva: imagine o que a pessoa está passando. Quem ela perdeu? Além de sentimentos de dor e perda, como a vida dela mudará?

A empatia emocional o ajudará não apenas a entender os sentimentos de seu amigo, mas a compartilhá-los. Você tenta se conectar com algo em si que conhece o sentimento de profunda tristeza. Você pode se lembrar de como se sentiu quando perdeu alguém próximo ou imaginar como se sentiria se tivesse essa experiência.

E, por fim, a empatia compassiva leva você a agir. Você pode oferecer um jantar, para que seu amigo não precise se preocupar em cozinhar, ou talvez lhe fazer companhia, ou ainda, se ele precisar de um momento sozinho, se oferecer para ficar com seus filhos por um tempo. O importante é oferecer ajuda e se colocar à disposição.

Esse é apenas um exemplo da empatia na prática, mas, a cada interação compartilhada com outra pessoa, é uma chance para você ver as coisas de uma perspectiva diferente, compartilhar seus sentimentos e ajudar.

Não confunda empatia com ter pena, ser generoso ou concordar com tudo. Tampouco com "faça aos outros aquilo que gostaria que fizessem a você". Isso soa como agir com boas intenções, no entanto os outros podem ter gostos diferentes dos nossos. Como bem apontou o dramaturgo irlandês e vencedor do Prêmio Nobel de Literatura Bernard Shaw, na obra *Homem e super-homem*: "Não faça aos outros aquilo que gostarias que fizessem a ti, os seus gostos podem ser diferentes dos teus".[5] Empatia é descoberta e entendimento desses gostos. É o olhar para o outro.

Empatia é a experiência de "sair" do próprio eu e expandir seus horizontes.

@DAFSPACE

OS BENEFÍCIOS DA EMPATIA E POR QUE ELA É TÃO IMPORTANTE

Há uma série de benefícios em ter um comportamento mais empático, não apenas para os outros, mas para você.

Listo a seguir alguns dos mais importantes:[6]

> **Facilita o diálogo.** A empatia é, antes de tudo, um sinal de respeito pelo outro. Quando nos sentimos respeitados, conseguimos falar abertamente sobre nossos sentimentos e pensamentos, sem receio de sermos julgados.

> **Torna as relações mais saudáveis.** A postura empática ajuda a fortalecer a relação, construindo relacionamentos de confiança e melhorando a convivência. Ela pode também gerar respostas empáticas aos que estão à sua volta. Quando você cria o hábito de se colocar no lugar do outro e se torna menos crítico, as pessoas começam a fazer o mesmo.

> **Auxilia na redução da tensão e estresse.** Com a empatia, torna-se mais fácil compartilhar nossas aflições com outras pessoas e dividir tarefas. Também conseguimos evitar discussões e conflitos desnecessários.

Segundo o renomado psicólogo Daniel Goleman, autor de *Inteligência Emocional*, empatia é a qualidade mais importante em um líder.[7] Ela está na base de um comportamento que nos permite viver em sociedade, possibilitando a resolução de conflitos e relacionamentos mais saudáveis.

Cada um tem perspectivas diferentes sobre os fatos da vida, mas todos experimentamos alterações no humor, mágoas, alegrias e tristezas. E a falta de empatia leva a conclusões precipitadas, julgamentos rígidos e intolerância, o que acaba se refletindo em conflitos, maus sentimentos e relações de baixa qualidade. É preciso escutar, aceitar e vivenciar a realidade do outro, reconhecendo que a nossa verdade não é a única e nem a mais correta.

Em um mundo em que a tecnologia encurta a distância e onde muitas vezes se multiplicam os discursos de ódio, de intolerância e de cancelamento, praticar a aceitação e desenvolver a empatia é uma necessidade urgente.

OS DESAFIOS DA EMPATIA

É comum ouvirmos que está faltando empatia no mundo. Sem dúvida, você já testemunhou isso: gerente que não se relaciona bem com a equipe e vice-versa, casais que não se entendem, pais que não têm tolerância com os filhos e filhos que não enxergam o quanto seus pais se importam.

> ## RÁPIDA REFLEXÃO
> Se esperamos que os outros considerem nossa perspectiva e nossos sentimentos, por que não fazemos o mesmo por eles?

Por um lado, é preciso tempo e esforço para entender como e por que os outros se sentem da maneira que se sentem. O fato é que não estamos dispostos a investir esses recursos para muitas pessoas e tampouco temos o total domínio e conhecimento em como fazer. E mesmo quando estamos motivados a demonstrar empatia, isso não é fácil.

Nesse quesito, brasileiros não se saem muito bem quando o assunto é se colocar no lugar do outro. De acordo com um levantamento realizado pela Michigan State University, o Brasil aparece em 51º lugar em ordem de capacidade empática de seus habitantes, em uma lista com 63 países analisados.[8] Mas por que será que é tão difícil desenvolver essa habilidade?

VIESES INCONSCIENTES

O viés inconsciente, também conhecido como viés ou preconceito implícito, são atitudes aprendidas ou estereótipos inconscientes que, involuntariamente, podem afetar o modo como pensamos e agimos.

Esses preconceitos podem tornar difícil a observação de todos os fatores que contribuem para uma situação específica, reduzindo a probabilidade de que uma pessoa compreenda a perspectiva de outra.

Além disso, as pessoas tendem a adotar comportamentos por vezes conflitantes com os próprios valores quando se veem pressionadas pelo grupo social a que pertencem. O chamado "comportamento de manada" já falado anteriormente, pode levar uma pessoa empática a agir com hostilidade em relação a alguém rechaçada pela maioria.

Entre os vieses mais presentes, temos o preconceito de gênero, ou seja, o favorecimento de um gênero em detrimento de outro. Em 2021, o salário médio dos homens foi 18% mais alto que o das mulheres. Esse preconceito pode diminuir a oportunidades de emprego e avanço na carreira para certos grupos.[9]

O fato é que todos temos vieses e recorremos a eles como atalhos mentais para um processamento de informação mais rápido. A quem se interessar sobre o tema, recomendo acessar o QR Code a seguir com a referência para mais de 19 vieses, incluindo os sobre aparência, raça, idade e hierarquia.

https://asana.com/pt/resources/unconscious-bias-examples

O combate aos vieses inconscientes é fundamental para ter relações mais empáticas, além de ajudar a resolver questões como a melhoria da diversidade nas empresas. Falo um pouco sobre isso no depoimento que fiz ao Panorama Executivo sobre o Dia Internacional das Mulheres. Acesso no QR Code a seguir.

https://www.panoramaexecutivo.com.br/questao-feminina/

CULPABILIZAÇÃO DA VÍTIMA

Às vezes, quando alguém passa por uma experiência terrível, as pessoas ao redor cometem o erro de culpar a vítima por suas circunstâncias. Essa é a razão pela qual as vítimas de crimes são frequentemente questionadas sobre quais atitudes poderiam ter tomado para prevenir o crime.

Essa tendência decorre da necessidade de acreditar que o mundo é um lugar bom e justo. No geral, queremos crer que as pessoas "plantam aquilo que colhem" porque esse pensamento nos leva a pensar que coisas terríveis e cruéis jamais poderiam acontecer conosco.

Quando lidamos com pessoas, estamos lidando com um turbilhão de sentimentos e opiniões. Todas têm um acumulado de histórias, medos, batalhas, sonhos e crenças.

EMPATIA NO TRABALHO

De acordo com o relatório Empathy Monitor (2017),[10] a empatia tem impacto direto na produtividade, lealdade e no engajamento dos funcionários. A conclusão é que ser empático no local de trabalho propicia retornos significativos e concretos. Alguns dados do relatório nos mostram que:

EMPATIA: A HABILIDADADE DA LIDERANÇA HUMANA • 171

> 77% dos trabalhadores estariam dispostos a trabalhar mais horas em um local de trabalho mais empático;

> 92% dos profissionais de RH observam que um local de trabalho empático é um fator importante para a retenção;

> 80% dos *millennials* deixariam o emprego atual se seu local de trabalho se tornasse menos empático.

Em 2016, foi criado o Empathy Index (ou Índice Global de Empatia),[11] que mapeia as empresas que estão criando com sucesso culturas empáticas e um ambiente de prosperidade, gerando maior retorno financeiro.

Desenvolvido pela Empathy Business, consultoria sediada em Londres, e chancelado pela Harvard Business Review, o Empathy Index comprovou que a empatia corporativa está diretamente ligada a maior crescimento, produtividade e receita.

Os resultados da pesquisa de 2021 mostram que 84% dos CEOs e 70% dos funcionários acreditam que a empatia gera melhores resultados de negócios. Além disso, 50% dos CEOs e 72% dos funcionários acreditam que a empatia impulsiona a motivação dos funcionários.[12]

Para criar uma cultura mais empática nas organizações,[13] é preciso que a liderança tenha uma compreensão clara do seu papel e da importância de liderar pelo exemplo. Assim, é possível afirmar que uma cultura empática deve vir de cima para baixo para cascatear com sucesso por toda a organização.

Segundo o Projeto Culture of Empathy,[14] existem alguns pontos importantes para construir uma cultura empática:

> Defina um propósito e uma intenção clara de um ambiente que propicie relações com empatia;

> Desenvolva treinamento que dissemine os comportamentos e hábitos de pessoas empáticas;

> Reconheça pessoas empáticas e promova-as para a liderança: o time espelha seus líderes;

- > Remova obstáculos para a empatia: os detratores da cultura, dos processos ou das burocracias;[15]
- > Ouça o que os funcionários estão dizendo sobre ações empáticas e adote novos benefícios que estejam de acordo com isso;
- > Priorize a inclusão e a diversidade, isso cria um ambiente mais empático;
- > Crie uma cultura de diálogo aberto e livre de estigma em torno da saúde mental.

O fato é que não é fácil alcançar uma cultura corporativa empática da noite para o dia. Isso requer tempo, esforço e compromisso. É parte de uma mudança cultural que prioriza a colaboração e promove a comunicação em diversas vias, o que deve incluir perfis diferentes de liderança e estruturas pró-autonomia.

COMO SE TORNAR UM LÍDER EMPÁTICO?

No cenário atual, de rápida mudança, ambíguo e imprevisível, faz-se necessário um tipo diferente de liderança. Embora cada empresa precise definir o próprio ponto de vista de liderança, há alguns atributos que caracterizam líderes com empatia, capazes de impactar as organizações e os times que lideram.

Segue abaixo seis RECs para ajudar você no desenvolvimento de uma liderança mais empática:[16]

REC1: CONSCIENTIZAÇÃO DE VIESES E PONTOS CEGOS

Avalie se você é percebido como empático, especialmente por pessoas diferentes de você. Isso o ajudará a ver seus pontos cegos, pontos fortes e áreas de desenvolvimento. Agende check-ins regulares com seu time para perguntar o que você pode fazer para que eles se sintam mais compreendidos e incluídos.

Se esperamos que os outros considerem nossa perspectiva e nossos sentimentos, por que não fazemos o mesmo por eles?

@DAFSPACE

REC2: PROCURE DELIBERADAMENTE A DIFERENÇA

Ofereça às pessoas mais distantes de sua rede a chance de falar, convide pessoas com pensamentos diferentes para a mesa e alcance uma rede mais ampla. Por exemplo, busque oportunidades de trabalhar com equipes multifuncionais ou multidisciplinares para alavancar diversos pontos fortes. Seja curioso sobre os outros, escute sem julgamento.

REC3: LIDERE COM INTENÇÃO; INSPIRE COM A AÇÃO

Mostre um compromisso autêntico com a diversidade, desafiando o *status quo* e fazendo da diversidade e inclusão uma prioridade pessoal. Propicie um ambiente de segurança psicológica e acolhimento. Admita seus erros e crie espaço para todos contribuírem. Esteja atento aos diferentes hábitos culturais e se adapte conforme necessário.

REC4: ESTEJA ATENTO À SAÚDE MENTAL E AO BEM-ESTAR DO SEU TIME

Um líder empático se preocupa tanto com a saúde mental quanto com o bem-estar do seu time. Em suas reuniões individuais com o time, pergunte sobre como eles estão antes de falar sobre negócios e resultados. Crie espaço para que se sintam à vontade e seguros de falar sobre como se sentem e ofereça ajuda sempre que necessário.

REC5: ESCUTE ATIVAMENTE

Domine a arte da escuta ativa. Essa é a sua capacidade de estar presente para o que realmente está acontecendo com o outro naquele momento. Pessoas empáticas ouvem os outros e fazem o possível para compreender o seu estado emocional e necessidades.

REC6: SEJA VULNERÁVEL; SEJA AUTÊNTICO[17]

Como muitos líderes da minha geração, acreditei por muito tempo que as emoções não deveriam ser compartilhadas em um contexto corporativo. Que engano! Seja você mesmo, seu verdadeiro eu, todo o seu eu. Com as suas qualidades, falhas, defeitos e desejo contínuo de se aperfeiçoar. Importante: isso não significa se desnudar ou não ter filtro. Significa compartilhar emoções e dificuldades quando apropriado. Significa se revelar como um ser humano falível, inclusive reconhecendo o que não sabe. Brené Brown ressalta que a vulnerabilidade está no cerne da conexão social. E a conexão social, por sua vez, está no centro dos negócios. Aliás, não deixe de conferir o vídeo da Brené Brown, uma aula sobre coragem e vulnerabilidade!

https://youtu.be/iCvmsMzlF7o

A maneira como lideramos tem implicações profundas nas pessoas ao nosso redor e em como fazemos negócios. Não podemos transformar as empresas se não refletirmos sobre quem somos como líderes e sobre as seguintes questões:

> Como você descreve seu propósito e sua função?
> O que você faz para criar um ambiente no qual o time e os colegas possam prosperar?
> Você faz o seu melhor para ser autêntico, acessível e vulnerável?

EMPATIA EM TEMPOS DE HOME OFFICE

Estamos presos entre a normalidade que conhecíamos antes da pandemia de covid-19 e a que construímos nos últimos anos. Continuaremos a operar entre esses dois mundos até definirmos novos padrões para o que vem por aí. Durante essa transição, a empatia será ainda mais crítica e necessária para unir esses dois mundos.

176 • POWER SKILLS

Toda mudança é estressante. A vida como a conhecíamos não existe mais e está recomeçando agora. Nossa tendência será nos mover a uma velocidade que tenta recuperar o que é percebido como tempo perdido. Estamos emergindo como uma força de trabalho diferente. E, nesse contexto, os líderes devem iniciar um plano cuidadoso e corajoso para se engajar novamente, para cuidar dos indivíduos de novas maneiras, tanto para a sua segurança psicológica quanto para a saúde, e para criar um caminho que conduza o time ao sucesso. Se os líderes demonstrassem mais empatia, por exemplo, não precisaríamos pedir aos funcionários que desenvolvessem tanta resiliência, pois eles sentiriam muito menos estresse e haveria menos adversidades no trabalho.[18]

Bem-vindos à liderança do cuidado, da coragem e da vulnerabilidade. Os líderes que se preocuparem apenas com os lucros, ou em transformar o time em máquinas de produtividade, repelirão os melhores talentos e comprometerão o sucesso a longo prazo. Os líderes que se preocuparem genuinamente com o bem-estar do time encontrarão uma equipe mais motivada, inspirada, comprometida e mentalmente saudável.

Você já deve ter ouvido falar no termo *great resignation*, que em português significa "grande demissão". Refere-se a uma imensa onda de pessoas pedindo demissão porque não estavam satisfeitas com as novas propostas de retomada ao trabalho presencial feitas por suas lideranças. Um estudo da Deloitte, publicado pela Fortune 2021, revela que, entre as empresas da Fortune 1000, 73% dos CEOs preveem que a falta de mão de obra é a razão mais possível para interromper seus negócios, sendo que 57% acreditam que atrair talentos está entre os maiores desafios de suas empresas.[19]

O século XX foi a era da introspecção, quando a autoajuda e a terapia nos ajudaram a entender quem somos e como vivemos olhando para dentro de nós mesmos. Mas começamos a olhar apenas para nós mesmos. O século XXI deve (e precisa) se tornar a Era da Empatia, quando não simplesmente descobrirmos nós mesmos através da autorreflexão, mas também criando interesse pela vida dos outros.

Precisamos de empatia para revolucionar a maneira como nos relacionamos. Então, comece com você mesmo. Seja a mudança que você quer ver!

EM AÇÃO: A EMPATIA NA PRÁTICA (EA8)

Você é uma pessoa ou um líder empático? Existem alguns sinais que ajudam a identificar uma pessoa empática. Se você se reconhece na maioria das afirmativas abaixo, é provável que seja.

> - Você tem interesse genuíno em ouvir o que os outros têm a dizer?
> - As pessoas procuram você para desabafar, pedir conselhos e contar problemas?
> - Você se considera bom em perceber como as outras pessoas estão se sentindo?

Chegou a hora de você desenvolver a empatia. Faz-se necessário que esteja vigilante e atento a cada interação, principalmente naquelas mais desafiadoras. É aqui que a empatia deve entrar em ação.

> Identifique alguém de cujas atitudes ou pensamentos você discorde. Tente se colocar no lugar dessa pessoa e compreender seus sentimentos. O que você pode fazer diferente na próxima vez que discutirem?

Lembre-se: a empatia deve ser exercida e praticada diariamente. Quanto mais a exercemos, maior a facilidade de nos colocarmos no lugar do outro e melhor o resultado nas relações pessoais e profissionais.

A empatia é revolucionária. Ao se colocar no lugar do outro, ao ver e sentir através de seus olhos e oferecer ajuda, você pode mudar o mundo. Torná-lo um lugar mais inclusivo, mais diverso, mais humano.

Agora, seguimos para o capítulo final. Pronto para executar e atingir sua máxima potência? Então vamos com tudo!

parte cinco

EXEC

UTE

10

ATINGINDO A SUA MÁXIMA POTÊNCIA

> "Travei muitas batalhas na minha vida, lutando contra as possibilidades. Eu acredito que tenho força para fazer o que quiser, o que estiver na minha cabeça."
> **SERENA WILLIAMS**[1]

AUTOCONHECIMENTO, UMA PALAVRA MÁGICA E TRANSFORMADORA

Bem-vindos ao capítulo final! Aqui vou abordar os temas autoconhecimento e aprendizado contínuo – palavras mágicas e transformadoras que vão impulsioná-lo em direção aos seus objetivos e sonhos. Elas maximizarão seus pontos fortes e, principalmente, trazendo luz para as habilidades que você precisa aprimorar e desenvolver para atingir sua máxima potência!

Este é o momento ideal para convidá-lo a escanear os QR Codes a seguir para acessar a entrevista que concedi ao *Estadão* após um evento no "Diálogos Estadão Think: mulheres que sonham, realizam e inspiram".[2] Falo sobre a importância do autoconhecimento e das habilidades para atingir sua máxima potência.

Versão em texto:

https://economia.estadao.com.br/noticias/geral,autoconhecimento-nos-impulsiona-aos-nossos-sonhos-e-objetivos,70003646252

Versão em vídeo:

https://www.youtube.com/watch?v=qPY_jIqjdf8

Mas, afinal, o que é o autoconhecimento e por que é tão importante em sua vida?

O autoconhecimento, como a própria palavra diz, é o conhecimento que você tem sobre si mesmo. É uma investigação individual que busca identificar quais são as suas características mais marcantes, os gostos, as inclinações, os padrões de comportamento e as suas habilidades.

Uma das principais características do autoconhecimento é que possibilita que você se enxergue como realmente é, e não quem pensa ser. Em outras palavras, ajuda-o a ter clareza de sua personalidade, das suas atitudes e de suas emoções diante de situações e adversidades que são enfrentadas e vivenciadas em sua jornada.[3]

Vou focar dois tipos de autoconhecimento: o pessoal e o profissional. O primeiro o ajudará a entender como seu comportamento, suas habilidades e emoções podem auxiliá-lo a alcançar os objetivos que estabeleceu para sua vida pessoal. Quais são as suas qualidades? E os seus defeitos? O que o faz feliz? O que o deixa triste? Quais são seus medos?

Já o autoconhecimento profissional está intimamente ligado à sua carreira e às expectativas que você cria em relação a ela. Quais são seus pontos fortes? E as suas limitações? Você está feliz com seu emprego atual? Como você se imagina daqui a alguns anos? Você pretende continuar no seu trabalho?

Esse é um ótimo momento para você parar um pouco e refletir sobre essas questões. Já pensou no quanto você realmente conhece de si mesmo? E como pode se conhecer mais?

Caso não saiba todas as respostas, não se preocupe. Logo mais, vou apresentar algumas práticas para ajudar você nesse processo de autoconhecimento. Mas, antes, entenda os benefícios e a importância do autoconhecimento na sua vida.

O PODER DO AUTOCONHECIMENTO

O processo de autoconhecimento leva você a desenvolver seu potencial em busca de realização pessoal e profissional. Quando você se conhece e sabe o que quer, fica mais fácil tomar decisões em direção aos seus sonhos. A seguir, destaco outros benefícios proporcionados pelo autoconhecimento:

- Favorece decisões pessoais e profissionais mais conscientes e assertivas;
- Permite a descoberta de seus pontos fortes e fracos;
- Auxilia no reconhecimento das emoções positivas e negativas e saber lidar melhor com elas melhora a saúde mental;
- Possibilita ter maior compreensão das próprias qualidades e colocar os defeitos em perspectiva melhora a autoestima;
- Permite reconhecer seu impacto no mundo e nas pessoas ao seu redor.

Apesar de todos os benefícios que o autoconhecimento proporciona, de acordo com um estudo divulgado pela *Harvard Business Review*, apenas 10-15% das pessoas o detêm.[4]

O fato é que tornar-se autoconsciente requer esforço, e muitos de nós ainda estão aprendendo a desenvolver essa habilidade ou não sabem nem por onde começar. E é isso que vamos aprender agora!

CULTIVANDO E APRIMORANDO O SEU AUTOCONHECIMENTO

Há muitas maneiras de desenvolver o autoconhecimento. A seguir, listei algumas RECs para ajudá-lo nesse processo.

REC1: PRATIQUE A AUTORREFLEXÃO

As perguntas a seguir o auxiliarão na descoberta dos seus interesses e objetivos:

Pessoal
- O que mais deixa você feliz e empolgado no seu dia?
- Você é uma pessoa fácil ou difícil de se relacionar? Por quê?
- Quais são seus objetivos de curto, médio e longo prazos?

Profissional

> Quais são as suas principais habilidades e os seus pontos fortes? Quais você precisa desenvolver?

> Que aspectos você mais valoriza em um emprego? Por quê?

> Por que você está (ou não) feliz no seu trabalho ou profissão atual?

REC2: SOLICITE FEEDBACK CONSTRUTIVO REGULARMENTE

O feedback – mesmo quando é negativo ou não é bem dado – é uma das ferramentas mais poderosas para o autoconhecimento. Uma maneira simples, prática e rápida de obter feedback, caso você não tenha um processo formal na empresa em que trabalha, é perguntar às pessoas de sua confiança como elas o percebem em determinadas situações.

Proponho um exercício que o ajudará nisso. Primeiro, desenhe duas colunas em uma folha. Na coluna A, escreva: "como me vejo"; na B: "como os outros me veem". Na coluna A, faça uma lista para descrever seus pontos fortes e áreas de oportunidade de melhoria. Em seguida, solicite a familiares ou às pessoas que trabalham com você que o descrevam e registre essas respostas na coluna B. Caso elas (ou você) se sintam mais à vontade, o feedback pode ser enviado de modo anônimo.

Fique atento às discrepâncias, é aqui que pode haver alguns pontos cegos que você precisa aprimorar. Importante: um bom feedback é composto por pontos que você *precisa* ouvir, e não necessariamente o que *gostaria* de ouvir.

REC3: APRENDA A ESCUTAR; ASSIMILE CRÍTICAS E ELOGIOS

Tente ser um ouvinte melhor para amigos, família e colegas. Para isso, você deve estar 100% presente, prestando atenção a palavras, emoções e até mesmo à linguagem corporal do interlocutor, sem fazer julgamentos.

Ao aprender a escutar ativamente aos outros, você também se tornará melhor ouvinte da sua voz interior. Às vezes, nossa atenção está tão concentrada no ego que não conseguimos ouvir abertamente e assimilar pontos importantes quando alguém nos elogia ou critica de maneira construtiva.

REC4: BUSQUE TERAPIA – UM OLHAR NEUTRO, IMPARCIAL E PROFISSIONAL

Um bom processo de análise pode ajudá-lo a se conhecer melhor, ver as coisas com mais clareza, identificar seus pontos cegos, transformando suas atitudes inconscientes em conscientes, contribuindo para uma melhor tomada de decisões e uma vida mais leve e feliz.

REC5: PRATIQUE O MINDFULNESS[5]

Traduzindo para o português, mindfulness significa estado de atenção plena, em que você está ciente do que está acontecendo em sua mente, seu corpo e no ambiente no momento presente. A meditação é uma das maneiras de praticar a atenção plena, mas não é a única.

Uma prática simples como respirar fundo, prestando atenção na respiração e contando até dez, ajuda a retomar o foco no aqui e agora. Uma das minhas práticas favoritas é estar próxima da natureza, simplesmente apreciando o mar ou uma cachoeira, escutando o barulho das águas ou praticando um esporte, como corrida e tênis.

IDENTIFIQUE SEU NÍVEL DE AUTOCONHECIMENTO

Buscar o autoconhecimento foi determinante na minha vida para fazer as escolhas mais assertivas em busca da realização pessoal e profissional. Além dos RECs mencionados acima, sugiro alguns testes on-line que podem ajudá-lo no processo de descoberta do seu nível de autoconhecimento. Listo alguns a seguir.

TESTE DE PERSONALIDADE

DISC

O DISC[6] é um teste criado em 1920 pelo psicólogo americano William Marston, que estudava o comportamento humano. No livro *As emoções das pessoas normais*, Marston descreve os quatro tipos principais de personalidade que originaram a sigla DISC, com base em quatro padrões comportamentais: dominância, influência, estabilidade e conformidade.

Vale lembrar que esses comportamentos são comuns a todas as pessoas, mas o teste mostra qual é o dominante em seu perfil. Além disso, os quatro perfis do teste DISC apresentam pontos positivos e outros que podem ser melhorados.

É um teste curto, com 40 opções para você marcar a palavra com a qual mais se identifica. Com base nessa escolha, o teste define o seu traço mais determinante, em qual ambiente você se dá melhor e para que tarefas você é recomendado. Confira o teste no QR Code a seguir.

https://www.pactorh.com.br/teste-disc/disc/faca-agora-teste-disc/

Dominância

A pessoa com esse perfil normalmente tem facilidade para lidar com desafios e dificuldades. Ela tende a ser mais prática, direta, independente, egocêntrica, exigente, competitiva e assertiva. É também um perfil com maior facilidade para assumir o controle.

Influência

Já nesse perfil, a pessoa costuma ser extrovertida e sociável. Por gostar de interagir, pode apresentar também uma influência espontânea sobre as outras pessoas, enquanto se preocupa também com o que os outros pensam dela.

Algumas características predominantes são entusiasmo, autoconfiança, capacidade de se comunicar, poder de persuasão, impulsividade, além de preferir ambientes de trabalho em equipe.

Estabilidade

Quando o teste DISC indica esse perfil, estamos falando de uma pessoa mais reservada, porém que mantém bons relacionamentos de trabalho ao ajudar e apoiar os colegas. Com esse perfil comportamental, o indivíduo tende a ser mais reservado, além de ter facilidade para seguir rotinas e processos padronizados.

Algumas características desse perfil são a escuta ativa, diplomacia, paciência e gentileza. É por isso que são pessoas que têm capacidade para lidar com mudanças, adotando uma postura resiliente.

Conformidade

Esse é o perfil com mais facilidade para respeitar ordens e decisões tomadas por terceiros. Por isso, pessoas com esse modelo de comportamento preferem ambientes com processos bem definidos.

Por outro lado, a conformidade influencia características analíticas como cautela, disciplina, rigor, busca pela exatidão. Com essa personalidade, o indivíduo tem mais facilidade para cumprir prazos e manter a qualidade das entregas.

MBTI[7]

Conhecido como teste de personalidade, o MBTI, ou Tipologia de Myers-Briggs, é a ferramenta de assessment mais utilizada no mundo, com cerca de 2 milhões de relatórios emitidos ao ano e usada por 88% das empresas mais valiosas do mundo.

O teste é aplicado por meio de um rápido questionário (que requer menos de 12 minutos para preenchimento) e avalia seu perfil em quatro pares de dicotomias: extroversão x introversão, sensorial x intuição, razão x sentimento e julgamento x percepção. A partir dessas dicotomias, gera-se 16 tipos de personalidade, ajudando a identificar seus traços psicológicos, a traçar metas para sua carreira com maior chance de sucesso, exercer uma profissão que você ama, além de um melhor entendimento de como funcionam seus sentimentos e suas preferências.

O próprio MBTI reforça alguns cuidados: essas não são características definitivas, mas sim as que, provavelmente, aparecem com mais frequência na sua vida. Outro ponto importante é entender que não há personalidades "certas" e "erradas" – todos os elementos são igualmente valiosos.

Conhecer os próprios gostos, vontades e formas de agir e pensar pode levar você a lugares inesquecíveis! Se você já sabe qual é o seu tipo de personalidade MBTI e qual área ou profissão você deseja ou mais combina com você, chegou a hora de tirar seu futuro do papel!

Caso você queira descobrir seu MBTI, acesse o QR Code a seguir.

https://www.16personalities.com/br/teste-de-personalidade

AUTOCONHECIMENTO, UM PROCESSO CONTÍNUO

O autoconhecimento traz verdades sobre nós mesmos e nos permite viver uma vida livre de crenças limitantes que nos impedem o despertar da melhor versão de nós mesmos. No entanto, lembre-se de que o caminho para a autoconsciência é um processo contínuo, pois estamos a todo momento mudando, o que torna essa jornada tão empolgante!

Benjamin Barber, eminente teórico político, afirmou certa vez: "Não divido o mundo entre os fracos e os fortes, ou entre sucessos e fracassos [...] divido entre os que aprendem e os que não aprendem".[8]

A verdade é que não podemos confiar a longo prazo apenas no conhecimento que adquirimos na escola e universidade; precisamos nos adaptar constantemente, repensar regras, sistemas e abordagens antigas. A nova realidade requer que nos tornemos *lifelong learners* (eternos aprendizes), ao invés de *earlylife learners* (jovens aprendizes).

A MAGIA EM SER UM ETERNO APRENDIZ[9]

Esta é a era do *lifelong learning* (aprendizado ao longo da vida), expressão que se refere à busca "contínua, voluntária e automotivada" pela atualização do conhecimento, seja em âmbito profissional, acadêmico ou pessoal.

O termo surgiu na Europa, mas se popularizou na década de 1990, defendendo que a educação deve ultrapassar os limites das instituições de ensino, ocorrendo de maneira proativa e consistente por meio de experiências diversas, dentro e fora das escolas e universidades.

O ensino no *lifelong learning* não é imposto via tarefas, foca a busca de conhecimento e aprendizados que interessam ao indivíduo. Além disso, tem a ver com a lógica de nunca ser tarde ou cedo demais para aprender algo novo.

No cenário atual de rápida transformação tecnológica, em que o conhecimento humano dobra a cada 13 meses em média; mais vale a capacidade de aprender do que o conhecimento já adquirido. A seguir, informo alguns números que reforçam a importância de uma vida orientada ao aprendizado contínuo:

- 94% dos líderes esperam que os colaboradores desenvolvam novas habilidades no trabalho até 2025;
- 87% dos profissionais acreditam ser essencial receber treinamentos e desenvolver novas habilidades ao longo da carreira para acompanhar as mudanças no trabalho;
- 50% de todos os funcionários precisarão de requalificação profissional até 2025.

Em suma, o *lifelong learning* é o caminho para mantê-lo atualizado. O que sabemos hoje (e os diplomas que temos hoje) não são mais garantia, tampouco um diferencial para atingir suas ambições profissionais ou pessoais.

Assim, incorporar a aprendizagem ao longo da vida pode oferecer muitas vantagens e benefícios, incluindo:

- Oportunidade de crescimento na carreira, e assim não ficar estagnado na mesma posição;
- Aumento de empregabilidade com o conhecimento ampliado e melhoria de outras habilidades;
- Motivação renovada, mente curiosa e ativa;
- Aumento da autoconfiança e autoestima.

A verdade é que só temos a ganhar adotando uma postura de *lifelong learning*.

COMO SE TORNAR UM ETERNO APRENDIZ?[10]

Não há um método específico para se tornar um *lifelong learner*, o importante é criar o hábito para que ele faça parte da sua vida e, principalmente, que o ato de aprender a aprender seja sempre com prazer.

A seguir, alguns RECs de práticas que aplico no meu dia a dia:

REC1: REFLITA SOBRE SEUS INTERESSES E PRIORIDADES

O que você realmente deseja aprender? Por que e para quê? Lembre-se de que aprendizagem ao longo da vida é para você, e não para as outras pessoas e as expectativas delas. Reflita sobre pelo que você é apaixonado e o que imagina para o seu futuro.

REC2: OTIMIZE O SEU TEMPO; CRIE ESPAÇO

O que você faz durante o trajeto de um lugar para outro? A quantidade de conteúdo disponibilizado on-line lhe permite aproveitar esse tempo para ouvir um podcast, assistir a uma aula ou até mesmo ler um livro.

REC3: MÉTODO DE APRENDIZAGEM 70:20:10

Essa metodologia cria condições para aprendizagem contínua no ambiente de trabalho, mantendo a motivação e o sentimento de desenvolvimento ao criar valor para o seu crescimento pessoal e profissional. Confira a seguir:

> **70% do aprendizado com experiências próprias.** A aprendizagem on-the-job, como também é chamada, provém da sua vivência por meio de tarefas rotineiras no trabalho, desafios e responsabilidades no ambiente de trabalho.

> **20% de aprendizado com os outros.** A sua interação com os colegas de trabalho, o esclarecimento de dúvidas em como eles executam as tarefas e os feedbacks recebidos representam 20% do seu aprendizado. Aqui também é fundamental a identificação e observação dos profissionais que possam servir como modelos, inspiração e até mesmo mentoria.

> **10% de aprendizados com cursos.** Os 10% restantes correspondem ao aprendizado adquirido por meio de treinamentos, workshops, cursos e leituras. Nesse modelo, deve-se ter em

mente que o aprendizado não segue um padrão engessado, porém é necessário adquirir o conhecimento sistêmico que os treinamentos e estudos proporcionam.

REC4: COMPARTILHE O QUE APRENDER[11]

A pirâmide de aprendizagem é atribuída ao psiquiatra americano William Glasser, a partir de estudos sobre motivação e aprendizado. A ilustração a seguir é inspirada no modelo que ele criou, dividindo entre duas categorias principais: métodos de aprendizagem passiva e métodos de aprendizagem ativa.

Glasser foca especialmente os métodos de aprendizagem ativa, já que, para ele, são as formas com maior capacidade de assimilação e aprendizado. Segundo o psiquiatra, nós aprendemos 10% daquilo que apenas lemos, 20% se apenas escutarmos, 30% observando e 50% se observamos e escutamos simultaneamente. Na base da pirâmide: 70% quando discutimos o assunto com outras pessoas, 80% quando o colocamos em prática. Por fim, aprendemos 95% de um conteúdo quando ensinamos esse determinado conhecimento a outras pessoas.

Gosto de apresentar esse modelo com uma visão simplificada e fácil para memorizar. Sempre que sou questionada sobre o "segredo" de minha capacidade de rápida leitura e absorção de conteúdo, digo apenas para guardarem estes 3Es: engaje, escreva e ensine. E coloquem em prática sempre quando estiverem aprendendo algo novo. Seja um multiplicador de conhecimento. Quanto mais você engaja e escreve, mais absorve. Quanto mais você ensina, mais aprende.

EM AÇÃO: ATINGINDO A SUA POTÊNCIA MÁXIMA (EA9)

> "Falhar em se preparar é se preparar para a falha."
> BENJAMIN FRANKLIN[12]

É hora de colocar em jogo todo aprendizado adquirido até aqui para atingir sua máxima potência. Vou ajudá-lo nessa última fase com um plano de ação em 3 etapas.

ETAPA 1. PREPARAÇÃO: DESCUBRA QUAIS SÃO SEUS PONTOS FORTES E FRACOS

O Teste Via Character Strengths Survey é uma excelente ferramenta gratuita que o auxiliará a identificar seus pontos fortes e entender possíveis áreas de melhoria. O teste traz um relatório com o ranking das suas 24 forças de caráter, sendo que as top 5 são consideradas as suas forças de assinatura.[13]

É importante você ter o autoconhecimento das forças para fazer melhor uso delas em prol dos seus objetivos. É onde você encontra a sua essência e seus traços predominantes, aquilo que pode ser o seu diferencial na vida pessoal e profissional para atingir a sua melhor versão!

Acesse o QR Code a seguir para realizar o teste. O questionário é on-line e o preenchimento requer de 10 a 15 minutos. Observe que você precisa criar uma conta, com a qual pode salvar seu progresso e acessar seu perfil posteriormente. De acordo com o site da VIA Institute on Character, seus resultados são privados e confidenciais.

https://www.viacharacter.org/survey/account/register

ETAPA 2. PLANEJAMENTO: IDENTIFIQUE AS HABILIDADES A SEREM DESENVOLVIDAS OU APRIMORADAS NESTE SEU MOMENTO ATUAL

Agora que você tem um maior nível de autoconhecimento dos seus traços de personalidade e seus top 5 pontos fortes, é hora de refletir e identificar quais são as habilidades apresentadas neste livro que você entende serem chaves para seu momento atual.

Aqui será de grande valia também considerar o feedback de pessoas em quem você confia e que podem ajudá-lo a mapear as habilidades que você precisa desenvolver ou aprimorar para atingir a posição e/ou empresa dos seus sonhos.

Importante: não queira desenvolver e/ou aprimorar todas as habilidades de uma vez. Recomendo identificar de 1 a 3 habilidades para dar a largada. Lembre-se de que a jornada de um lifelong learner é de aprendizado contínuo. E entenda: não há uma fórmula mágica para atingir seus objetivos, no entanto você tem agora uma metodologia que pode ser adaptada de acordo com sua realidade e seus interesses.

ETAPA 3. LUZ, CÂMERA E CELEBRAÇÃO!

Parabéns, você chegou à etapa final ! É hora de celebrar, você já é um *lifelong learner*!

Agora é com você e por você. Como diz o ditado popular: "A única coisa que se leva da vida é a vida que se leva". Que seja uma jornada prazerosa, de aprendizado contínuo, rumo à sua melhor versão. Que você se sinta em construção, assim como é com um livro, e que comece um novo capítulo na sua vida.

É hora de tirar do papel e agir. Entenda que todas as habilidades que você desenvolver são seu patrimônio permanente. Como bem disse Francis Bacon: "Conhecimento é poder".[14] É aquilo que o empodera, que o diferencia.

O que você conseguir ao longo da vida é consequência desse conhecimento. O professor, o livro, cada curso são apenas ferramentas, pontes para os seus objetivos. Você é o protagonista do seu aprendizado. É *você* quem faz seu diploma da vida.

Por fim, não desperdice o seu tempo, ele não volta. Então é hora da ação e multiplicação do conhecimento! Você está pronto para colocar em prática tudo o que aprendeu neste livro.

Meu convite agora é que você escreva o novo capítulo da sua vida, rumo à sua máxima potência!

1 THE WHITE HOUSE. **Remarks by the first lady at the National Arts and Humanities Youth Program Awards**. 15 nov. 2016. Disponível em: https://obamawhitehouse.archives.gov/the-press-office/2016/11/15/remarks-first-lady-national-arts-and-humanities-youth-program-awards. Acesso em: 9 set. 2022.

INTRODUÇÃO

1 HABILIDADES 360°: América Latina 2020 - impulsione sua carreira. **Page Personal Consultoria**. Disponível em: https://www.pagepersonnel.com.br/estudos-e-tend%C3%AAncias/habilidades-360-am%C3%A9rica-latina-2020-impulsione-sua-carreira. Acesso em: 5 set. 2022.

2 MANN, C. R. **A study of engineering education**: prepared for the Joint committee on engineering education of the national engineering societies. New York: Carnegie foundation for the advancement of teaching, 1918. Disponível em: https://openlibrary.org/books/OL7036440M/A_study_of_engineering_education. Acesso em: 9 set. 2022.

3 As 5 soft skills de carreira que a diretora da Nike aprendeu com o esporte. **Exame**, 24 set. 2020. Disponível em: https://exame.com/invest/academy/as-5-soft-skills-de-carreira-que-a-diretora-da-nike-aprendeu-com-o-esporte/. Acesso em: 5 set. 2022.

4 THE future of work 2021: global hiring outlook. **Hiring Monster**, 5 jan. 2021. Disponível em: https://hiring.monster.com/resources/blog/future-of-work-2021-summary/. Acesso em: 23 set. 2022.

5 CLEAR, J. **Hábitos atômicos**: um método fácil e comprovado de criar bons hábitos. Rio de Janeiro: Alta Life, 2009. p. 9.

PARTE 1: ENTENDA

1. O FUNDAMENTO DAS HABILIDADES

1 DRUCKER, P. F. **Inovação e espírito empreendedor**. São Paulo: Cengage, 2010.

2 IORIO, A. A importância das Soft Skills, e por que nunca foram prioridade. **Mit Technology Review**, 18 mar. 2021. Disponível em: https://mittechreview.com.br/a-importancia-das-soft-skills-e-porque-nunca-foram-prioridade/. Acesso em: 5 set. 2022.

3 72% DAS pessoas estão insatisfeitas com o trabalho, aponta pesquisa. **G1**, 29 abr. 2015. Disponível em: https://g1.globo.com/concursos-e-emprego/noticia/2015/04/72-das-pessoas-estao-insatisfeitas-com-o-trabalho-aponta-pesquisa.html. Acesso em: 6 set. 2022.

4 CAVALLINI, M. Síndrome de burnout é reconhecida como doença ocupacional; veja o que muda para o trabalhador. **G1**, 11 jan. 2022. Disponível em: https://g1.globo.com/economia/concursos-e-emprego/noticia/2022/01/11/sindrome-de-burnout-e-reconhecida-como-doenca-ocupacional-veja-o-que-muda-para-o-trabalhador.ghtml. Acesso em: 6 set. 2022.

5 RIBEIRO, D. Como lidar com a falta de reconhecimento no trabalho? **Administradores. com**, 30 maio 2017. Disponível em: https://administradores.com.br/artigos/como-lidar-com-a-falta-de-reconhecimento-no-trabalho. Acesso em: 6 set. 2022.

6 NOE, R.; HOLLENBECK, J.; GERHART, B.; WRIGHT, P. **Fundamentals of Human Resources Management**. 6th ed. New York: McGraw-Hill Education, 2015.

7 BLEICH, C. Hard Skills vs. Soft Skills: examples and definitions. **EdgePoint Learning**. Disponível em: https://www.edgepointlearning.com/blog/hard-skills-vs-soft-skills/. Acesso em: 6 set. 2022.

8 SILVA, G. O que são people skills e como desenvolvê-las? **Coodesh**. Disponível em: https://coodesh.com/blog/candidates/dicas/o-que-sao-people-skills-e-como-desenvolve-las/. Acesso em: 6 set. 2022.

9 CHOWDHRY, A. Jamie Dimon: the future of work is skills, not the number of degrees. **Pulse 2.0**, 22 dez. 2019. Disponível em: https://pulse2.com/jamie-dimon-future-of-work-skills/. Acesso em: 29 set. 2022.

10 LINKEDIN Releases 2019 Global Talent Trends Report. **LinkedIn,** 28 jan. 2019. Disponível em: https://news.linkedin.com/2019/January/linkedin-releases-2019-global-talent-trends-report. Acesso em: 9 set. 2022.

11 SCHWAMBACH, A. 9 em cada 10 profissionais são contratados pelo perfil técnico e demitidos pelo comportamental. **LinkedIn**. Disponível em: https://www.abrhbrasil.org. br/cms/90-dos-profissionais-sao-contratados-pelo-perfil-tecnico-e-demitidos-pelo-comportamental/.

12 ARE Special Education Students Graduating to the Couch? **National Soft Skills Association**. Disponível em: https://www.nationalsoftskills.org/special-education-students-graduating-couch/. Acesso em: 9 set. 2022.

13 KLAUSS, P. **The hard truth about soft skills**: workplace lessons smart people wish they'd learned sooner. New York: Harper Collins, 2008. p. 3.

14 MICHAEL PAGE. A MAIORIA dos gerentes brasileiros são infelizes no trabalho, saiba o porquê. **Michael Page**. Disponível em: https://www.michaelpage.com.br/advice/management/integra%C3%A7%C3%A3o-e-engajamento/maioria-dos-gerentes-brasileiros-s%C3%A3o-infelizes-no. Acesso em: 9 set. 2022.

15 BLASCHKA, A. The soft skill Gary Vaynerchuk, Simon Sinek and Oprah Winfrey say is crucial for leaders. **Forbes**, 19 feb. 2019. Disponível em: https://www.forbes.com/sites/amyblaschka/2019/02/19/the-soft-skill-gary-vaynerchuk-simon-sinek-and-oprah-winfrey-say-is-crucial-for-leaders/?sh=1711be404e9b. Acesso em: 9 set. 2022.

16 MONTAG, A. Billionaire Richard Branson: this skill set is the most critical to achieving success. **Make It**, 19 out. 2017. Disponível em: https://Www.Cnbc.Com/2017/10/19/Richard-Branson-Says-Learning-People-Skills-Will-Help-You-Succeed.Html. Acesso em: 9 set. 2022.

17 BLASCHKA, A. Four ways to boost the soft skill that LinkedIn's cofounder calls essential. **Forbes**, 4 mar. 2019. Disponível em: https://www.forbes.com/sites/amyblaschka/2019/03/04/four-ways-to-boost-the-soft-skill-linkedins-co-founder-calls-essential/?sh=4dc544d23c98. Acesso em: 9 set. 2022.

18 GENNARO, C. 6 deceptively simple soft skills that every employer is looking for. **Chegg Play**. Disponível em: https://www.chegg.com/play/student-life/6-deceptively-simple-soft-skills-that-every-employer-is-looking-for/. Acesso em: 9 set. 2022.

19 MUDE o mundo arrumando sua cama - William H. McRaven (ex-almirante marinha SEAL e autor best seller). Vídeo (6min9s). Publicado pelo canal AntiFrágil Business School. Disponível em: https://www.youtube.com/watch?v=uWea3l4DWFE. Acesso em: 9 set. 2022.

PARTE 2: DESENVOLVA

2. DISCIPLINA, A MÃE DE TODAS AS SKILLS

1 REZENDE, B. R. **Transformando suor em ouro**. Rio de Janeiro: Sextante, 2006.

2 DINIZ, A. **Caminhos e escolhas**. Rio de Janeiro: Campus/Elsevier, 2004.

3 CLEAR, J. **Hábitos atômicos**: um método fácil e comprovado de criar bons hábitos. Rio de Janeiro: Alta Life, 2019. p. 40.

4 *Idem*. p. 139.

5 *Idem*. p. 17.

6 FOGG, B. J. **Micro-hábitos**: as pequenas mudanças que mudam tudo. Tradução: Roberta Clapp e Bruno Fiuza. Rio de Janeiro: Harper Collins, 2020. p. 12 e 22.

7 JOTA, J. **Esteja, viva, permaneça 100% presente**: o poder da disciplina, do foco e dos minihábitos para conseguir realizar seu potencial. São Paulo: Gente, 2019.

8 DUHIGG, C. **The power of habit**: why we do what we do in life and business. New York: Random House Trade, 2014. p. 35-36, 51.

3. FOCO: MENOS É MAIS

1 GALLO, C. Steve Jobs: get rid of the crappy stuff. **Forbes**, 16 maio 2011. Disponível em: https://www.forbes.com/sites/carminegallo/2011/05/16/steve-jobs-get-rid-of-the-crappy-stuff/?sh=62c694e67145. Acesso em: 9 set. 2022.

2 BRITO, S. Home office: o desafio de trabalhar distante da empresa. **Veja**, 22 abr. 2021. Disponível em: https://veja.abril.com.br/cultura/home-office-como-administrar-os-desafios-longe-do-escritorio/. Acesso em: 9 set. 2022.

3 VOHS, K.; BAUMEISTER, R.; TWENGE, J. M. Decision fatigue exhausts self-regulatory resources: but so does accommodating to unchosen alternatives. **Research Gate**, 2005. Disponível em: https://www.researchgate.net/publication/237738528_Decision_Fatigue_Exhausts_Self-Regulatory_Resources_-_But_So_Does_Accommodating_to_Unchosen_Alternatives. Acesso em: 10 set. 2022.

4 HERMAN, D. Introducing short-term brands: a new branding tool for a new consumer reality. **Journal Of Brand Management**, EUA, v. 7, n. 5, p. 330-340, maio 2000. Disponível em: https://link.springer.com/article/10.1057/bm.2000.23#citeas. Acesso em: 10 set. 2022.

5 BLASCHKAUER, D. Como vencer a procrastinação? **LinkedIn**, 17 abr. 2022. Disponível em: https://www.linkedin.com/pulse/como-vencer-procrastina%C3%A7%C3%A3o-dafna-blaschkauer/. Acesso em: 10 set. 2022.

6 SANTI, A. A ciência da procrastinação. **Superinteressante**, 2 abr. 2019. Disponível em: https://super.abril.com.br/comportamento/a-ciencia-da-procrastinacao/#:~:text=%E2%80%9CAdiar%20tarefas%20pode%20ser%20um,de%20Santa%20Maria%20(UFSM). Acesso em: 10, set. 2022.

7 O'DONOGHUE, T.; RABIN, M. Doing it now or latter. **The American Economic Review**, v. 8, n. 1, p. 103-124, 1999. Disponível em: https://www.anderson.ucla.edu/faculty/keith.chen/negot.%20papers/ODonoghueRabin_DoingNowOrLatter99.pdf. Acesso em 10 set. 2022.

8 Esse conceito surgiu da pesquisa de economia comportamental realizada por Katy Milkman na Universidade da Pensilvânia. Ver: PRIOR, R. Como a ciência pode ajudar você a cumprir suas resoluções de Ano-Novo. **CNN**, 2 jan. 2021. Disponível em: https://www.cnnbrasil.com.br/saude/como-a-ciencia-pode-ajudar-a-cumprir-suas-resolucoes-de-ano-novo/. Acesso em: 10 set. 2022.

9 Conforme MCKEOWN, "O essencialista não faz mais coisas em menos tempo – ele faz apenas as coisas certas". (McCKEOWN, Greg. **Essencialismo.** Rio de Janeiro: Sextante, 2015.)

10 MCKEOWN, G. **Essencialismo.** Rio de Janeiro: Sextante, 2015. p. 14.

11 BATES, S. A decade of data reveals that heavy multitaskers have reduced memory, Stanford psychologist says. **Stanford News**, 25 out. 2018. Disponível em: https://news.stanford.edu/2018/10/25/decade-data-reveals-heavy-multitaskers-reduced-memory-psychologist-says/. Acesso em: 10 set. 2022.

12 TELES, L. Sistema Multitarefa (Multitasking). Disponível em: https://leandroteles.com.br/sistema-multitarefa-multitasking-revista-vogue/. Acesso em 10 set. 2022.

13 SANT'ANNA, A. S.; MORAES, L. F. R.; KILIMNIK, Z. M. Competências individuais requeridas, modernidade organizacional e satisfação no trabalho: uma análise de organizações mineiras sob a ótica de profissionais da área de administração. *In*: Encontro Nacional da Associação de Pós-graduação em Administração, 2002, Salvador. **Anais** [...]. Salvador: ANPAD, 2002.

14 STEPHAN, D. Na era da multitarefa, produz mais quem faz uma coisa de cada vez. **Folha de São Paulo**. 21 abr. 2018. Disponível em: https://www1.folha.uol.com.br/sobretudo/carreiras/2018/04/1965681-na-era-da-multitarefa-trabalha-melhor-quem-consegue-fazer-uma-coisa-por-vez.shtml. Acesso em: 10 set. 2022.

15 LEI de Pareto. **Significados**. Disponível em: https://www.significados.com.br/lei-de-pareto/. Acesso em: 29 set. 2022.

16 CRUZ, R. Qui-Gon on the nature of reality. **Path of the Jedi**, 20 out. 2021. Disponível em: https://www.pathofthejedi.com/qui-gon-on-the-nature-of-reality/. Acesso em: 10 set. 2022.

17 LOEHR, J.; SCHWART Z, T. **The Power of Full Engagement**: managing energy, not time, is the key to high performance and personal renewal. New York: Free Press, 2005.

18 JAMES, W. **Psicología pedagógica para maestros sobre algunos ideales de la vida para estudiantes**. Madri: Editor Daniel Jorro, 1924. (Original publicado em 1899).

19 MCKEOWN. *op. cit*. p. 74.

20 STEVE Jobs' 2005 Stanford Commencement Address. Vídeo (15min4s). Publicado pelo canal Stanford. Disponível em: https://www.youtube.com/watch?v=UF8uR6Z6KLc. Acesso em: 10 set. 2022.

21 MCKEOWN. *op. cit*. p. 92.

22 MCKEOWN. *op. cit*. p. 95.

23 YUTANG, Lin. **A importância de viver**. 11. ed. Rio de Janeiro: Globo, 1997.

24 L'ENGLE, Madeleine. **Walking on water**: reflections on faith & art. New York: Convergent Books, 2016. p. 17.

25 MCKEOWN. *op. cit.* p. 167.

26 PORTER, M. E. **Estratégia competitiva**: técnicas para análise de indústrias e da concorrência. 7. ed. Rio de Janeiro: Campos, 1986.

27 SCHWANTES, M. Warren Buffett says this 1 simple habit separates successful people from everyone else. **ULM**. Disponível em: https://ulm.edu/webguide/faculty/pdf/One-Important-And-Simple-Successful-Habit.pdf. Acesso em: 29 set. 2022.

28 DECCACHE, M.; FERRAZ, R. Pesquisas confirmam que a maioria das pessoas não consegue dizer não. **Veja**, 18 fev. 2022. Disponível em: https://veja.abril.com.br/comportamento/pesquisas-confirmam-que-a-maioria-das-pessoas-nao-consegue-dizer-nao/. Acesso em: 10 set. 2022.

29 MCKEOWN. *op. cit.* p. 171.

4. COMUNICAÇÃO, A HABILIDADE IMPRESCINDÍVEL

1 FOGAÇA, A. Habilidade de se comunicar é essencial para Warren Buffett. **The Capital Advisor**, 29 out. 2020. Disponível em: https://comoinvestir.thecap.com.br/habilidade-de-se-comunicar-e-essencial-para-warren-buffett. Acesso em: 11 set. 2022.

2 MAXWELL, J. C. **Todos se comunicam, poucos se conectam**. São Paulo: Thomas Nelson Brasil, 2015. p. 17.

3 MADDALENA, T. L.; D'ÁVILA, C.; SANTOS, E. Visual storytelling e pesquisa-formação na cibercultura. **Revista Brasileira de Pesquisa (Auto)biográfica**, v. 3, n. 7, p. 290-305, 26 abr. 2018. Disponível em: https://www.revistas.uneb.br/index.php/rbpab/article/view/3872. Acesso em: 11 set. 2022.

4 MURPHY, Mark. **Truth at work**: the science of delivering tough messages. New York: McGraw Hill, 2017.

5 COMMUNICATION barriers in the modern workplace. **The Economist**, 2018. Disponível em: https://impact.economist.com/perspectives/sites/default/files/EIU_Lucidchart-Communication%20barriers%20in%20the%20modern%20workplace.pdf. Acesso em: 11 set. 2022.

5. COLABORAÇÃO, O SEGREDO DA MULTIPLICAÇÃO

1 WENDHAUSEN, Mônica. **Movimento dialético entre participar e pesquisar**: a percepção de uma comunidade escolar sobre uma escola que se faz no caminho. 2019. 427 f. Tese (Doutorado) - Curso de Educação, Universidade do Estado de Santa Catarina, Florianópolis, 2019. Disponível em: https://sistemabu.udesc.br/pergamumweb/vinculos/000076/00007662.pdf. Acesso em: 29 set. 2022.

2 POWER, L. Collaboration vs. cooperation. There is a difference. **HuffPost**, 6 jun. 2016. Disponível em: https://www.huffpost.com/entry/collaboration-vs-cooperat_b_10324418. Acesso em: 11 set. 2022.

3 SPENCER, J. The difference between cooperation and collaboration. **John Spencer**, 22 jun. 2016. Disponível em: https://spencerauthor.com/can-you-force-collaboration/. Acesso em: 11 set. 2022.

4 BOGÉA, D. **Oficina de Filosofia II**: e se a realidade não for bem o que parece? Rio de Janeiro: Viés, 2020.

5 RICARD, S. Five Strategies to improve communication with team members. **Forbes**, 8 jan. 2020. Disponível em: https://www.forbes.com/sites/forbestechcouncil/2020/01/08/

202 • POWER SKILLS

five-strategies-to-improve-communication-with-team-members/?sh=1eb8ab464536. Acesso em: 11 set. 2022.

6 WOEBCKEN, C. O que é brainstorming e as 7 melhores técnicas para a tomada de decisões inteligentes. **Rock Content**, 10 jul. 2019. Disponível em: https://rockcontent. com/br/blog/brainstorming/. Acesso em: 11 set. 2022.

7 PHILLIPS, K. W. How diversity makes us smarter. **Greater Good Magazine**, 18 set. 2017. Disponível em: https://greatergood.berkeley.edu/article/item/how_diversity_makes_us_ smarter. Acesso em: 11 set. 2022.

8 MEEHAN, R. J. What teachers can be... **Robert John Meehan**, 25 jan. 2022. Disponível em: http://robertjohnmeehan.com/. Acesso em: 11 set. 2022.

9 CEO Visions: collaboration equals innovation. **InformationWeek**, 23 jan. 2003. Disponível em: https://www.informationweek.com/it-life/ceo-visions-collaboration- equals-innovation. Acesso em: 11 set. 2022.

10 CROSS, R.; BENSON, M.; KOSTAL, J.; MILNOR, R. J. Collaboration overload is sinking productivity. **Harvard Business Review**, 7 set. 2021. Disponível em: https://hbr. org/2021/09/collaboration-overload-is-sinking-productivity. Acesso em: 11 set. 2022.

11 MUITAS reuniões? Pesquisadores da Microsoft dão dicas de gestão. **Índices Bovespa**, 19 mar. 2022. Disponível em: https://indicesbovespa.com.br/muitas-reunioes-pesquisadores- da-microsoft-dao-dicas-de-gestao/. Acesso em: 11 set. 2022.

12 EIGHT ways to build collaborative teams. **Harvard Business Review**, nov. 2007. Disponível em: https://hbr.org/2007/11/eight-ways-to-build-collaborative-teams. Acesso em: 11 set. 2022.

13 ANTOINE de Saint-Exupéry. **Goodreads**. Disponível em: https://www.goodreads.com/ quotes/384067-if-you-want-to-build-a-ship-don-t-drum-up. Acesso em: 9 set. 2022.

PARTE 3: DOMINE

6. GARRA: O PODER DA PAIXÃO, DA PERSEVERANÇA E DA ESPERANÇA

1 KRISHNAMURTHY, A. Michael Jordan's secret to success. **Fadeaway World**, 26 jan. 2022. Disponível em: https://fadeawayworld.net/nba-media/michael-jordans-secret-to-success-ive- missed-more-than-9000-shots-in-my-career-ive-lost-almost-300-games-ive-failed-over- and-over-and-over-again-in-my-life-and-that-is-why-i-succeed. Acesso em: 11 set. 2022.

2 GARRA. In: Dicionário Eletrônico Houaiss. Rio de Janeiro: Objetiva, 2009.

3 DUCKWORTH, Angela. **Garra**: o poder da paixão e da perseverança. Rio de Janeiro: Intrínseca, 2016.

4 *Idem*. p. 36-37.

5 *Idem*. p. 48.

6 *Idem*. p. 51.

7 SCHMIDT, Oscar. **Dom? Talento? Balela**... Campinas: Komedi, 2008.

8 MAIRINS, Simão. Gênios fracassados: por que pessoas talentosas não conseguem ter sucesso? **Administradores.com**, 12 ago. 2010. Disponível em: https://administradores. com.br/noticias/genios-fracassados-por-que-pessoas-talentosas-nao-conseguem-ter- sucesso. Acesso em: 11 set. 2022.

NOTAS • **203**

9 DUCKWORTH. *op. cit.* p. 66-69.

10 FUNK, J. Warren Buffett: You have to love something to do well at it. **NBC News**, 6 maio 2013. Disponível em: https://www.nbcnews.com/business/business-news/warren-buffett-you-have-love-something-do-well-it-flna6c9791171. Acesso em: 11 set. 2022.

11 CRABTREE, S. Worldwide, 13% of employees are engaged at work. **Gallup**, 8 out. 2013. Disponível em: https://news.gallup.com/poll/165269/worldwide-employees-engaged-work.aspx. Acesso em: 11 set. 2022.

12 JOUANY, V.; MÄKIPÄÄ, M. Engagement Statistics You Need to Know in 2022 [INFOGRAPHIC]. **Haiilo**. Disponível em: https://haiilo.com/blog/employee-engagement-8-statistics-you-need-to-know/. Acesso em: 11 set. 2022.

13 STEVE Jobs: passion at work. Vídeo (1min30s.) Disponibilizado pelo canal coachkriengsak. Disponível em: https://www.youtube.com/watch?v=PznJqxon4zE. Acesso em: 12 set. 2022.

14 KRISHNAMURTHY, A. Michael Jordan's secret to success. **Fadeaway World**, 26 jan. 2022. Disponível em: https://fadeawayworld.net/nba-media/michael-jordans-secret-to-success-ive-missed-more-than-9000-shots-in-my-career-ive-lost-almost-300-games-ive-failed-over-and-over-and-over-again-in-my-life-and-that-is-why-i-succeed. Acesso em: 11 set. 2022.

15 44 INSPIRING Usain Bolt quotes: how to live your life like a champion. **InspiredLife**. Disponível em: https://www.inspiredlifehq.com/usain-bolt-quotes/. Acesso em: 12 set. 2022.

16 AMABILE, T. M.; KRAMER, S. J. The power of small wins. **Harvard Business Review**, maio 2011. Disponível em: https://hbr.org/2011/05/the-power-of-small-wins. Acesso em: 12 set. 2022.

17 SANTOS, L. Laurie Santos, Yale Happiness Professor, on 5 things that will make you happier. **Newsweek Magazine**, 20 dez. 2020. Disponível em: https://www.newsweek.com/2021/01/08/laurie-santos-yale-happiness-professor-5-things-that-will-make-you-happier-1556182.html. Acesso em: 12 set. 2022.

18 DUCKWORTH. *op. cit.* p. 177.

19 ARAIA, E. Esperança, o impulso para melhorar. **Planeta**, 6 fev. 2022. Disponível em: https://www.revistaplaneta.com.br/esperanca-o-impulso-para-melhorar/. Acesso em: 12 set. 2022.

20 *Ibdem*.

21 *Ibdem*.

22 McKEE, A. Doing the hard work of hope. **Harvard Business Review**, 27 out. 2008. Disponível em: https://hbr.org/2008/10/the-hard-work-of-hope. Acesso em: 12 set. 2022.

23 SEPPÄLÄ, E.; CAMERON, K. The best leaders have a contagious positive energy. **Harvard Business Review**, 18 abr. 2022. Disponível em: https://hbr.org/2022/04/the-best-leaders-have-a-contagious-positive-energy. Acesso em: 12 set. 2022.

24 RESENDE, M. D. Fé como competência. **Descubra PNL e Coaching**, 13 ago. 2013. Disponível em: http://www.descubrapnl.com.br/artigos/conteudo/artigos/fe-como-competencia. Acesso em: 12 set. 2022.

25 JAIN, C. Michael Phelps top rules of success, which not everyone can follow, know them. **PopDiaries**, set. 2021. Disponível em: https://popdiaries.com/2021/09/27/michael-phelps-top-rules-of-success-which-not-everyone-can-follow-know-them/. Acesso em: 12 set. 2022.

204 • POWER SKILLS

7. MENTALIDADE DE CRESCIMENTO: A MENTALIDADE DOS CAMPEÕES

1 KAMPFF, J. **Kobe Bryant**: All-Star shooting guard (Exceptional African Americans). New York: Enslow, 2015.

2 MINDSET: O que é, tipos e como desenvolver o seu. **FIA Business School**, 31 maio 2019. Disponível em: https://fia.com.br/blog/mindset/. Acesso em: 12 set. 2022.

3 O conceito de mindset foi criado pela psicóloga Carol S. Dweck.

4 DWECK, C. S. **Mindset**: a nova psicologia do sucesso. Rio de Janeiro: Objetiva, 2017.

5 *Ibidem*. p. 14-15.

6 DWECK, C. The power of believing that you can improve. **TED**. Disponível em: https://www.ted.com/talks/carol_dweck_the_power_of_believing_that_you_can_improve/transcript?embed=true. Acesso em: 12 set. 2022.

7 GARDNER, H. Howard. **Mentes extraordinárias**: perfis de quatro pessoas excepcionais e um estudo sobre o extraordinário em cada um de nós. Rio de Janeiro: Rocco, 1999.

8 POR QUE há crianças que se esforçam enquanto outras não. Sou mamãe, 14 mar. 2021. Disponível em: https://soumamae.com.br/por-que-criancas-esforcam-enquanto-outras-nao/. Acesso em: 12 set. 2022.

9 NADAL chega a 22 títulos de Grand Slam e amplia "dinastia" no tênis; relembre outras supremacias em esportes individuais. **ESPN**, 6 jun. 2022. Disponível em: https://www.espn.com.br/tenis/artigo/_/id/10476174/nadal-chega-22-titulos-grand-slam-amplia-dinastia-tenis-relembre-outras-incriveis-supremacias-esportes-individuais. Acesso em: 12 set. 2022.

10 DWECK. *op. cit*. p. 121.

11 DWECK. *op. cit*. p. 134-135.

12 COLLINS, J. **Empresas feitas para vencer**: porque algumas empresas alcançam a excelência e outras não. Rio de Janeiro: Alta Books, 2018.

13 BRIGAS de casal: críticas em excesso afetam a relação conjugal. **Revista News**, 11 jul. 2022. Disponível em: https://revistanews.com.br/2022/07/11/brigas-de-casal-criticas-em-excesso-afetam-a-relacao-conjugal/. Acesso em: 12 set. 2022.

14 MISHRA, A. How "Mindset" changed my Mindset. **Medium**, 21 jun. 2021. Disponível em: https://medium.com/a-thousand-lives/how-mindset-changed-my-mindset-1613a1dde1b7. Acesso em: 12 set. 2022.

15 ABREU, C. A. Por que a Inteligência Comunicacional desenvolve seu Mindset? **Cloud Coaching**. Disponível em: https://www.cloudcoaching.com.br/por-que-a-inteligencia-comunicacional-desenvolve-seu-mindset/. Acesso em: 12 set. 2022.

PARTE 4: LIDERE

8. PENSAMENTO CRÍTICO, SAINDO DO PILOTO AUTOMÁTICO

1 BERGER, W. **The book of beautiful questions**: the powerful questions that will help you decide, create, connect, and lead. New York: Bloomsbury Publishing, 2018.

NOTAS • 205

2 AMERICAN MANAGEMENTE ASSOCIATION – AMA. Critical Skills Survey. Employers need a highly skilled workforce to keep up with the fast pace of change in business today. AMA, 2012. Disponível em: https://www.amanet.org/assets/1/6/2012-critical-skills-survey.pdf. Acesso em: 13 set. 2022.

3 BACON, F. **Novo Órganon** (Instauratio Magna). São Paulo: Edipro, 2014.

4 EFEITO manada em psicologia: o que é, como é usado? **Psicanálise Clínica**, 29 mar. 2021. Disponível em: https://www.psicanaliseclinica.com/efeito-manada/. Acesso em: 13 set. 2022.

5 SUTTO, G. As 15 habilidades que estarão em alta no mercado de trabalho até 2025, segundo o Fórum Econômico Mundial. **InfoMoney**, 30 jan. 2021. Disponível em: https://www.infomoney.com.br/carreira/as-15-habilidades-que-estarao-em-alta-no-mercado-de-trabalho-ate-2025-segundo-o-forum-economico-mundial/. Acesso em: 13 set. 2022.

6 ROHR, D. S. Warren Buffett: 7 lições de um dos maiores investidores da história. **Warren Magazine**, 30 ago. 2022. Disponível em https://warren.com.br/magazine/warren-buffett-licoes-investidor/. Acesso em: 13 set. 2022.

7 SUTTO, G. 5 atividades que pessoas bem-sucedidas como Warren Buffett e Bill Gates praticam em seu tempo livre. **InfoMoney**, 30 ago. 2017. Disponível em: https://www.infomoney.com.br/carreira/5-atividades-que-pessoas-bem-sucedidas-como-warren-buffett-e-bill-gates-praticam-em-seu-tempo-livre/. Acesso em: 13 set. 2022.

8 BERGER, W. **A more beautiful question**: the power of inquiry to spark breakthrough ideas. Nova York: Bloomsbury, 2016.

9 *Idem*. p. 20-30.

10 *Idem*. p. 20-30.

11 FERNANDES, D. As perguntas são mais importantes do que as respostas. **Estadão**, 28 mar. 2014. Disponível em: https://pme.estadao.com.br/blogs/blog-do-empreendedor/as-perguntas-sao-mais-importantes-do-que-as-respostas/. Acesso em: 13 set. 2022.

12 BROOKS, A. W.; JOHN, L. K. The surprising power of questions. **Harvard Business Review**, maio-jun. 2018. Disponível em: https://hbr.org/2018/05/the-surprising-power-of-questions. Acesso em: 13 set. 2022.

13 IDOETA, P. A. Por que algoritmos das redes sociais estão cada vez mais perigosos, na visão de pioneiro da Inteligência Artificial. **BBC News Brasil**, 10 out. 2021. Disponível em: https://www.bbc.com/portuguese/geral-58810981. Acesso em: 13 set. 2022.

14 LIKIERMAN, A. The elements of good judgment: how to improve your decision-making. **Harvard Business Review**, jan.-fev. 2018. Disponível em: https://hbr.org/2020/01/the-elements-of-good-judgment. Acesso em: 13 set. 2022.

15 COMO desenvolver as 7 capacidades do pensamento crítico. **Bright Concept**, 22 fev. 2022. Disponível em: https://www.brightconcept-consulting.com/pt/blog/lideranca/como-desenvolver-as-7-capacidades-do-pensamento-critico. Acesso em: 13 set. 2022.

9. EMPATIA: A HABILIDADADE DA LIDERANÇA HUMANA

1 BORSELLINO, J. #SoftSkillsSpotlight: 3 lessons Oprah Winfrey teaches us about empathy. **SkillsCamp**, 14 jun. 2017. Disponível em: https://www.skillscamp.co/3-lessons-oprah-winfrey-teaches-us-about-empathy/. Acesso em: 13 set. 2022.

206 • POWER SKILLS

2 EMPATIA. **Significados**. Disponível em: https://www.significadosbr.com.br/empatia. Acesso em: 13 set. 2022.

3 BARISO, J. There are actually 3 types of empathy: here's how they differ and how you can develop them all. **Inc**. Disponível em: https://www.inc.com/justin-bariso/there-are-actually-3-types-of-empathy-heres-how-they-differ-and-how-you-can-develop-them-all.html. Acesso em: 13 set. 2022.

4 PAUL Ekman: as Raízes da Empatia e da Compaixão. Vídeo (4min44s.) Disponibilizado pelo canal Jeanne Pilli. Disponível em: https://youtu.be/kkC19K7E1Lc. Acesso em: 11 set. 2022.

5 SHAW, B. **Homem e super-homem**. São Paulo: Melhoramentos, 1951.

6 AMÂNCIO, A. O que é empatia? Conheça sua importância, seus benefícios e como desenvolvê-la. **Rock Content**, 24 fev. 2020. Disponível em: https://rockcontent.com/br/talent-blog/o-que-e-empatia/. Acesso em: 13 set. 2022.

7 CORRÊA, F. Daniel Goleman: empatia é a qualidade mais importante em um líder. **Forbes**, 24 set. 2021. Disponível em: https://forbes.com.br/carreira/2021/09/daniel-goleman-empatia-e-a-qualidade-mais-importante-em-um-lider/. Acesso em: 13 set. 2022.

8 AMÂNCIO. *op. cit.*

9 19 VIESES inconscientes a superar a fim de promover uma cultura de inclusão. **Asana**, 17 maio, 2021. Disponível em: https://asana.com/pt/resources/unconscious-bias-examples. Acesso em: 14 set. 2022.

10 2017 BUSINESSOLVER workplace empathy monitor. **Businessolver**, maio 2017. Disponível em: https://info.businessolver.com/hubfs/businessolver-workplace-empathy-monitor-2017.pdf. Acesso em: 14 set. 2022.

11 Você pode saber mais em: https://theempathybusiness.com/.

12 BUSINESSOLVER workplace empathy monitor. **Businessolver**, 2021. Disponível em: https://resources.businessolver.com/c/2021-empathy-exec-summ?x=OE03jO. Acesso em: 03 out. 2022.

13 BLASCHKAUER, D. Por que a Empatia tem sido considerada uma das Skills mais importantes de Liderança em tempos atuais? **LinkedIn**, 30 out. 2021. https://www.linkedin.com/posts/dafna-blaschkauer_softskills-lideranaexa-empatia-activity-6860184590833868800-hdUI?utm_source=linkedin_share&utm_medium=ios_ap. Acesso em: 29 set. 2022.

14 BUILDING the empathy movement? **Culture of Empathy**. Disponível em: http://cultureofempathy.com/. Acesso em: 29 set. 2022.

15 BUSINESSOLVER workplace empathy monitor. **Businessolver**, 2021. Disponível em: https://resources.businessolver.com/c/2021-empathy-exec-summ?x=OE03jO. Acesso em: 03 out. 2022.

16 Para mais informações, acesse meu artigo "Por que líderes inclusivos são bons para as organizações e como se tornar um?", disponível em: https://www.linkedin.com/pulse/por-que-l%C3%ADderes-inclusivos-s%C3%A3o-bons-para-organiza%C3%A7%C3%B5es-blaschkauer/.

17 Para saber mais, acesse meu artigo "Liderando com INTENÇÃO", disponível em: https://www.linkedin.com/pulse/lideran%C3%A7a-com-inten%C3%A7%C3%A3o-dafna-blaschkauer/. Acesso em: 14 set. 2022.

18 MADUREIRA, D. Chefes tóxicos atingem 8 em cada 10 executivos. **Folha de S.Paulo**, 23 jul. 2022. Disponível em: https://www1.folha.uol.com.br/mercado/2022/07/chefes-toxicos-atingem-8-em-cada-10-executivos.shtml. Acesso em: 14 set. 2022.

19 BATISTA, R. "The Great Resignation" é um alerta para as lideranças no Brasil. **Mundo RH**, 9 dez. 2021. Disponível em: https://www.mundorh.com.br/the-great-resignation-e-um-alerta-para-as-liderancas-no-brasil/. Acesso em: 14 set. 2022.

PARTE 5: EXECUTE

10. ATINGINDO A SUA MÁXIMA POTÊNCIA

1 40 FRASES de atletas par motivar quem gosta de esportes. Disponível em: https://www.42frases.com.br/frases-de-atletas/. Acesso em: 29 set. 2022.

2 AUTOCONHECIMENTO nos impulsiona aos nossos sonhos e objetivos. **Estadão**, 15 mar. 2021. Disponível em: https://economia.estadao.com.br/noticias/geral,autoconhecimento-nos-impulsiona-aos-nossos-sonhos-e-objetivos,70003646252. Acesso em: 14 set. 2022.

3 O QUE é autoconhecimento e por que ele é tão importante? **UniAcademia**, 10 jun. 2021. Disponível em: https://www.uniacademia.edu.br/blog/o-que-e-autoconhecimento#:~:text=O%20autoconhecimento%2C%20como%20a%20pr%C3%B3pria,os%20sentimentos%20vivenciados%20por%20ela. Acesso em: 14 set. 2022.

4 EURICH, T. What self-awareness really is (and how to cultivate it. **Harvard Business Review**, 4 jan. 2018. Disponível em: https://hbr.org/2018/01/what-self-awareness-really-is-and-how-to-cultivate-it. Acesso em 29 set. 2022.

5 BUZZO, B. Mindfulness: entenda e pratique a atenção plena. **eCycle**. Disponível em: https://www.ecycle.com.br/mindfulness/. Acesso em: 14 set. 2022.

6 OLIVEIRA, B. O que é o teste DISC e como aplicar a metodologia nas contratações. **PandaPé**, 19 mar. 2021. Disponível em: https://blog.pandape.com.br/teste-disc-para-o-rh/. Acesso em: 14 set. 2022.

7 BATTAGLIA, R. Myers-Briggs: a real sobre o teste das 16 personalidades. **Superinteressante**, 17 fev. 2022. Disponível em: https://super.abril.com.br/sociedade/myers-briggs-a-real-sobre-o-teste-das-16-personalidades/. Acesso em: 14 set. 2022.

8 COLEMAN, A. How skills learned during lockdown will strengthen the businesses of these entrepreneurs. **Forbes,** 18 jun. 2020. Disponível em: https://www.forbes.com/sites/alisoncoleman/2020/06/18/how-skills-learned-during-lockdown-will-strengthen-the-businesses-of-these-entrepreneurs/?sh=50865c4a7273. Acesso em: 14 set. 2022.

9 MARQUES, D. Lifelong learning: o que é e por que é importante? **Educa+Brasil**, 5 maio 2022. Disponível em: https://www.educamaisbrasil.com.br/cursos-e-escolas-tecnicas/tecnico-em-secretariado/noticias/lifelong-learning-o-que-e-e-porque-e-importante. Acesso em: 14 set. 2022.

10 *Ibidem*.

11 O QUE é e como funciona a pirâmide de aprendizagem de William Glasser? **Aspectum**, 26 nov. 2021. Disponível em: https://aspectum.com.br/blog/piramide-de-aprendizagem-de-william-glasser. Acesso em: 14 set. 2022.

12 FRANKLIN, B. **Benjamin Franklin Quotes... Vol. 23**: Motivational & inspirational life quotes by Benjamin Franklin. New York: The SECRET Libraries, 2016.

13 TESTE VIA: o melhor do ser humano. **PsicoPositiva**, 25 jun. 2021. Disponível em: https://www.psicopositiva.org/post/o-teste-via-e-o-melhor-do-ser-humano. Acesso em: 14 set. 2022.

14 LAMPE, R. L. **Must know quotes, sayings, and inspiration**. EUA: Independently Published, 2018.

Este livro foi impresso
pela Gráfica Santa Marta em
papel pólen bold 70 g/m²
em abril de 2025.